JN089419

新装版

現代語訳　親鸞全集 2

教行信証　下

真継伸彦

法藏館

本書は、昭和五九（一九八四）年刊行の『現代語訳親鸞全集2教行信証　下』第一刷をオンデマンド印刷で再刊したものである。

教行信証の読みかた　その二

真宗王国の一角である石川県能登地方には、『教行信証』に関係して、御示談という行事が今日でも伝えられているそうです。戦後はしだいに衰えてきているのですが、戦前は毎年、稲刈のあとで行なわれる報恩講の一日をえらんで、門徒たちが寺につどい、徹夜で『教行信証』について語りあったとのことです。たいていの場合はお婆さんがお爺さんを指名して、ある巻のある一節について意見を述べさせたそうです。指名された者はまず、当の一節を暗誦しなければなりません。つまり、尨大な『教行信証』の全文を暗記していることが、参加者の条件になっていたのです。被指名者はそのうえで、自身の了解を語らなければならないのです。

私は聞いて、驚くべきこの行事は、はるか十五世紀の、本願寺第八代蓮如の時代に端を発しているのではないかと想像しました。蓮如は門徒を積極的に講に参加させ、公の場で各自の信心を語らせることによって、御同朋ないし御同行と呼ばれる真宗信仰者の精神共同体を、正しく発展させようと努めた人です。能登のような雪国の冬はヒマで、勉学や集会の機会にめぐまれています。住む門徒たちは、蓮如以下の善知識の薦めに応えて、幾百年の間に、『教行信証』全文の味読にいたるまで、信心深化の努力をつづけてきたのでしょう。

生活が多忙になった今日では、能登地方にわずかに残存している御示談も、しだいに形骸化してしまったと言います。残念なことで、私はこのすばらしい行事が復活してほしいと思います。正しい仏教、すなわち生きるための教えとしての仏教は、こういう民衆の行事によって受けつがれ、体現されるものです。私はまた、近代日本において、石川県から鈴木大拙と西田幾多郎という二人の秀れた仏教思想家が出現したのも、この地方の、御示談に代表される厚い仏教文化と無関係ではないと思います。

私はしかし御示談の存在を教えられた時、つどう門徒たちはたとえば「信の巻」（第一巻三一五頁以下）の、

> 大王よ、たとえば涅槃はこの世のものと同様に、あるのではなく、ないのではなく、しかもあるのである。そなたの殺害も同様である。あるのでもなく、ないのでもなく、しかもあるのである。とはいえ、慚愧する人は〝あるのではない〟とする。慚愧のないものは〝ないのではない〟とする。果報を受けたものがこれを〝ある〟

> とするのである。この世の空相（この世のいかなるものにも実体がないという真実の相）を知っているものは〝あるのではない〟とし、空相を知らぬものは〝あるのでないのではない〟とする。空相を知らぬものはまた〝ある〟とする。なんとなれば、空相を知らぬものは果報を得るがゆえである。空相を知っているものには果報がない。

などという重要かつ難解きわまりない『涅槃経』の引用文を、どのように了解していたのだろうと好奇心をそそられました。

ここで釈尊から「大王よ」と呼びかけられて説法を聞いているのは、父殺しの逆罪をおかした阿闍世（あじゃせ）です。このような極悪人の救済が、大きくは全大乗仏教、小さくはその極致である浄土教、ないしは『教行信証』そのものの目的であることは言うまでもありません。親鸞はそこに右のような『涅槃経』の一節をひいて、空相を知らぬ一般の衆生は、悪行を原因として地獄に堕ちたりする、しかし空相を知る仏たちはいかなる果報も受けないという、驚くべき自己自身の確信を語っているのです。

私はさきに第五巻の解説（二一三頁）で、「まことに矛盾した言い方になるけれども、業ないしは六道輪廻の存在という、事実の認識がなくて仏教は成立しなかった。同時にしかし、業ないし輪廻という事実から離脱できるという、対立するいまひとつの事実がなければ、仏教は成立しえないのである」と指摘しました。仏教には「業の輪廻による束縛」と「業の輪廻からの解脱」という、相対立する二つの事実の認識があるのです。そして『涅槃経』の右の一節は、「空相を知らぬ者は輪廻をまぬがれず、知る者はまぬがれる」として、この矛盾を解決しているのです。阿闍世のような極悪非道の者も、仏たちと同様に存在の空相を知れば、地獄堕ちをまぬがれるということです。

親鸞はどういう思いで——自己自身のどのような了解にもとづいて——、仏教の核心とも言うべきこの文章を引用しているのでしょう？　たとえば鈴木大拙は、仏教のこのような論法から、「即非の論理」を抽象します。これも難解な論理ですが、今はひとまず、「仏教的真理は体験（証）によって発見される。それを言葉で表現しようとすれば、いかなる言語表現もただちに（即）正しくないとされる（非）」という意味に解釈しておきましょう。たとえば有名な『般若心経』は、「無無明亦無無明尽（無明は存在しない、無明が尽きることもまたない）」といった、矛盾した表現に満ちています。私たち一般の衆生は長夜の無明（無知）の中に生きつづけるが、釈尊のような知者にあっては無明は存在せず、しかも無明なる世界が尽きることもないという意味であって、釈尊のようなお方が洞察している存在の空性（存在する一切のものは、この世であれ地獄であれ極楽であれ、はたまた涅槃そのものであれ、恒常不可分なる実体性を有しない）は、所詮は言葉で説明できるものではない、私たちが知るべきは、存在の真相の認識にかんして、無知なる人間の言葉のごときは、何んの役にも立たないという意味でもあります。坐禅という沈黙の修行に熟達していた鈴木大拙は、このことをよく知っていたので、「即非の論理」を発見できたのだと私は思います。

ところで、重要かつ難解きわまりない右の『涅槃経』の一節にふれて、私が思いあたるのは、親鸞自身は大拙とことなり、仏教形而上学の究明を志さず、この引用文を、何んらの解説もつけないで私たちに呈示している、ということです。私たちが知らなければならないのは、親鸞のこの謙虚さでしょう。

親鸞にとっては釈尊のこのみ言葉も、絶対の真理の表現であり金言です。しかしながら、証どころか行も見うしなわれた末法の世に生きる愚鈍下智のわが身にあっては、理解するべくもない主張です。たとえて言えばこのみ言葉は、登るに登れぬ断崖の上に輝やいている黄金のようなものです。親鸞は、私たちに手のとどくはずがない真理の輝やきを見せてくれているのです。

今は右の一節のみを紹介しておきますが、『教行信証』という巨魁な山岳には、同様に、登るに登れぬ断崖が連らなっています。親鸞は、釈尊の金言の把握しがたさを教えるためにこそ、引用をつらねているのではないかとも私には思われます。断崖の直下にあって私たちが知るべきは、阿闍世王が釈尊のもとを訪れて右のような金言を聞く直前には、父殺しの罪を深く悔いて、全身が瘡に覆われて悪臭をはなつにいたるまでの苦しみの中で慙愧していたことでしょう。阿闍世はしかも、象に乗って釈尊のもとに赴く途中でも、地獄堕ちの罰を恐れつづけます。この道徳的慙愧や恐怖が仏道への第一歩であることを、親鸞はこのような物語を引用することによって、言外に教えているのです。そして菩提心をえた阿闍世が、右のような言葉の断崖を登りつめることにより（難行道とも竪出《縦に出る》とも言います）存在の空相を知ろうとすれば、無量億劫年の歳月を要するというのも親鸞の確信でした。このようなみ言葉をただ信じよと、親鸞は私たちに薦めているようです。

『教行信証』という巨魁な山岳には、このような断崖が連らなっているのです。親鸞はしかし、私たちをくり返しその直下にみちびいて、登りがたさを示しながら、実は登りやすい易行道（横超《横に超えでる》と言います）のほうへ案内してくれているのです。弥陀の本願というコースをたどれば、即座に楽々と、山頂の開悟の境地にたどりつけることを示してくれているのです。

ですから私も『教行信証』の解説にあたって、あえて断崖の登攀を試みません。親鸞の案内にしたがって、私自身が登ってみた易行道の見聞を語りながら、これまでの各巻の解説を整理し、できれば深めたいと思います。

しかし事前に、確認しておきたいことが二つあります。一つは、弥陀の本願にたいする帰依という易行道は、もとより、「極楽浄土へのたやすい旅」という意味であることです。私たちは本願に帰依すれば、阿弥陀仏から直接開悟させていただける場所である極楽浄土へ、ただちに往生できる（即得往生）と親鸞は断言しているのです。しかし、親鸞のこの断言にかんして、「ただちに」と言うのは、現世のことであるか死後のことであるかという論議があるのです。

昨昭和五十八年にひらかれた「日本印度学仏教学会」においても、この論議があったことを、私は出席した人から聞いております。私は、「ただちに」は死後を指していると解釈しております。これまでのたとえに関連づけて言えば、親鸞は幾億劫年にわたる断崖登攀と比較して、今のこの一度の生の終わりに実現できる極楽往生を、「ただちに」と言っているのです。私たちは生前においては、本願にもとづく称名念仏という正定の業（死後の極楽往生が正しく定まっている行為）を修めることにより、正定聚（極楽往生が正しく定まっている衆生）の一員となるのです。このことは『教行信証』をはじめ、親鸞の著作にくり返し語られています。顧みれば『教行信証』そのものも、死後の開悟のためには無用な、しかし生きて本願に入信するためには絶対必要な、言葉の山であるのです。私自身が力説したいのは、私たちが正定聚となって獲得する安心が、今のこの生において、自由主義、平等主義、合理主義（迷信ないしタブーの打破）という、万人に望ましい生き方の根拠になっている、ということです。

この「即得往生」と「正定聚」ということにかんして、今ひとつ確認しておきたいことがあるのです。親鸞が案内してくれる本願入信の登山道の近くには、実は、「浄土の要門」と「浄土の真門」という、名前もまぎらわしい二つの迷路への入口があります。まことに迷いやすいこの道標に惑わされて道を誤まれば、私たちはふたたび長年月を要しないかぎり、本来の極楽浄土である真実報土（真仏土）へ往生できないのです。仮りの浄土（化身化土（けしんけど））へ行ってしまって、最低五百年間は脱出できないのです。すでに第四巻の解説で説明したことですが、親鸞自身がまず「浄土の要門（第十九願）」に迷い、ついで「浄土の真門（第二十願）」に迷って、その後で、本願であり「浄土真実の門」である第十八願に正しく入信したのです。私はこの「三願転入」の過程を、本巻の解説で、もう一度見方を変えてたどってみたいと思います。それも私の場合は、親鸞がみずからの試行錯誤の上で説く、本願にたいする正しい帰依のみが、万人に望ましい生き方の根拠になっていると思われるからです。

現代語訳親鸞全集 第二巻

目次

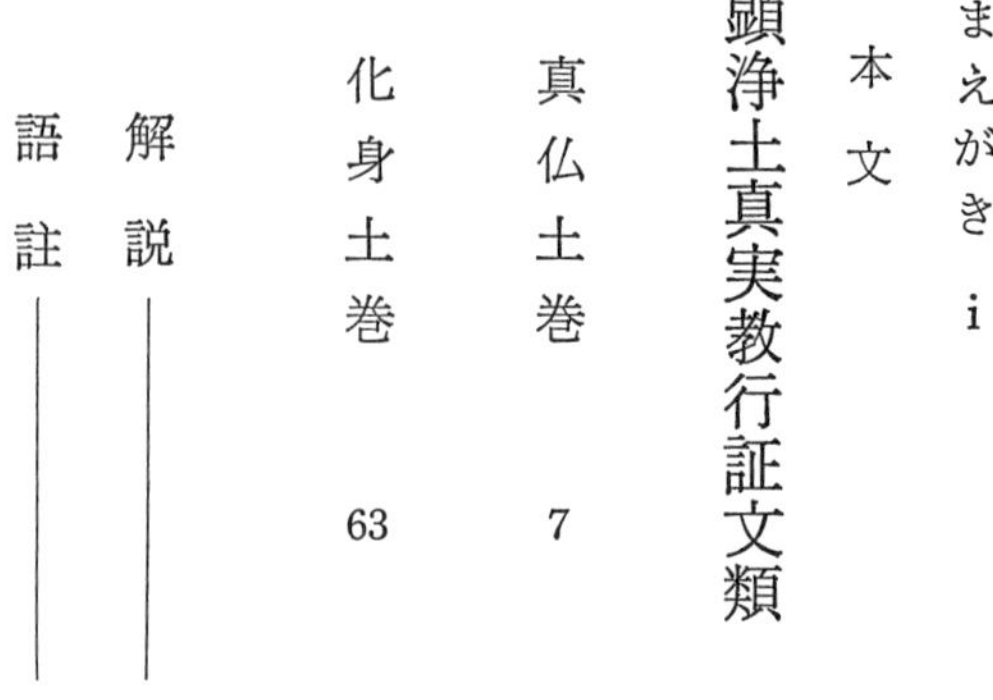

第一巻目次

凡　例

一、底本には金子大栄編『原典校註真宗聖典』（法蔵館刊）を用いた。

一、煩瑣な註は避け、できるだけ平明な文章にして、現代人に読みやすいように努めた。

一、註を要する語句には＊を付し、巻末にその註記を掲げた。註記についても、底本の註を参照した。

一、原本の割註は、〈 〉で示し、原文にない、訳者自身の註は（ ）で示した。

一、難語句には、適宜ルビを付した。

一、経典等の原典名は、おおむね原文にならったが、すでに本文で明らかな場合は、略称や部分名を用いた。

一、各編の扉うらの解題については、底本によったが、旧漢字、および旧かなつかいは適宜改めた。

顕浄土真実教行証文類

けんじょうどしんじつきょうぎょうしょうもんるい

顕浄土真仏土文類

けんじょうどしんぶつどもんるい

顕浄土真仏土文類五

愚禿釈親鸞が集める

第十二の光明無量の願
第十三の寿命無量の願

つつしんで真実の仏と浄土とについて考えれば、浄土におわしますみ仏は不可思議光如来である。浄土は無量光明土である。この真実の仏と浄土とは、法蔵菩薩が大いなる慈悲によって起こしたもうた誓願*の、果報として実現したもうたものである。それゆえに、真実の報身仏・報土というのである。この真実の報仏土を成就するために法蔵菩薩が起こしたもうた誓願は、「光明無量の願」および「寿命無量の願」である。

『大無量寿経』には、つぎのようにのたまわれている。

たとえ私が仏になることができるとしても、もしもその放つ光明に限度があって、百千億以上に及ぶあらゆる諸仏の国を照らすことができないとすれば、私は仏にならない。

また寿命無量の誓願では、つぎのようにのたまわれている。

たとえ私が仏になることができるとしても、その寿命が百千億の劫年をこえる長大なものであっても、限度があって未来永劫に及ぶことができないとすれば、私は仏にならない。

この二つの願が成就したことを証明する文として、『大無量寿経』には、つぎのようにのたまわれている。

仏は阿難*に告げたもうた。

「無量寿仏の偉大なる働き（威神）にみちた光明は最も尊ぶべきものであって、他の諸仏の光明が及ぶことができないものである。〈中略〉それゆえに無量寿仏は、無量の光を放ちたもう仏（無量光仏）・際限なく光を放ちたもう仏（無辺光仏）・何ものにも妨げられることなく一切を照らす光を放ちたもう仏（無礙光仏）・他に比べられない光を放ちたもう仏（無対光仏）・燃えさかる炎のような光を放ちたもう仏（炎王光仏）・清浄なる光を放ちたもう仏（清浄光仏）・照らされたものが喜びにみちる光を放ちたもう仏（歓喜光仏）・悟りの智慧の光を放ちたもう仏（智慧光仏）・たえまなく光を放ちたもう仏（不断光仏）・不思議な働きを持つ光を放ちたもう仏（難思光仏）・言葉では表わせない働きを持つ光を放ちたもう仏（無称光仏）・日や月よりもすぐれた光を放ちたもう仏（超日月光仏）とお呼びするのである。この光に会う衆生は、貪欲・瞋恚・愚癡の三毒*が消滅して、身も心も柔らかく穏やかになる。歓喜踊躍して善心が生じる。地獄・餓鬼・畜生の世界にいて苦しんでいるものがこの光明を見れば、すべて煩悩による苦しみがやみ苦悩はなくなる。命を終えたあとで、すべてのものが悟りをひらくことができる。無量寿仏の光明は明らかに赫やいて、全宇宙の諸仏の国土を照らし輝やかして及ばぬところはない。ただ私だけが今、この光明をたたえているのではない。一切の諸仏も声聞*も縁覚*も、もろもろの菩薩衆も、ことごとく私と同じように讃嘆し賞めたたえているのである。衆生がその光明の偉大なる働きにみちた功徳をきいて、日夜たたえてとなえ、心をつくしてやめることがなければ、心の願いにしたがって無量寿仏の浄土に生まれることができ、もろもろの菩薩*や声聞などの大衆から、念仏したことの功徳をたたえて賞められよう。そのあとで仏道をきわめれば、あまねく全宇宙の諸仏によってその光明を賞められる。それはまさに私が今無量寿仏の光明をたたえているのと同じようである」

仏はまたのたまわれた。

「私が無量寿仏の光明の偉大なる働きの、かがやかしく勝れているさまを説こうとすれば、*一劫にわたって昼夜説きつづけても、なお説き終えることはできない」

仏はまた阿難に語りたもうた。

「無量寿仏の寿命は長久であって数えつくすことはできない。そなたは、このようなことを知っているか。たとえ全宇宙に住む無数の衆生がすべて人間に生まれかわって、ことごとく声聞・縁覚の仏道をきわめ、ともに集まって思いをもっぱらにし、心をあわせ智力をつくして、百千万劫年にわたってともに推算し、この仏の寿命の長遠な年齢を数えあげようとしたところで、数えつくすことはできないのである」〈抄出〉

『*無量寿如来会』には、つぎのようにのたまわれている。

阿難よ、無量寿仏にはさまざまの功徳があるゆえに、多くの別名がある。無量の光を放ちたもう仏（無量光）・際限なく光を放ちたもう仏（無辺光）・執着を離れた清らかな光を放ちたもう仏（無著光）・何ものにも妨げられることなく一切を照らす光を放ちたもう仏（無碍（げ）光）・最も輝やかしい光を放ちたもう仏（光照（こうしょう）王）・清々しい光を放ちたもう仏（端（たん）

厳光）・照らされたものが愛にみちる光を放ちたもう仏（愛光）・照らされたものが喜びにみちる光を放ちたもう仏（喜光）・すべてを見通す智慧の光を放ちたもう仏（可観光）・不思議な働きを持つ光を放ちたもう仏（不可思議光）・他に比べるものがなく、言葉では表わせない働きを持つ光を放ちたもう仏（無等不可称量光）・日光を覆いかくすほどの明るい光を放ちたもう仏（暎蔽日光）・月光を覆いかくすほどの明るい光を放ちたもう仏（暎蔽月光）・日や月よりもすぐれた光を放ちたもう仏（掩奪日月光）である。この光明は清浄であって広大にかがやきわたり、全宇宙の衆生の心身を悦楽させる。また全宇宙の仏国土に住む*天人・*龍王・*夜叉・*阿修羅なども、すべてが歓びを得るのである。〈以上〉

　帛延訳の『*無量清浄平等覚経』には、つぎのようにのたまわれている。

すみやかに生死輪廻の世界を超え出て、ただちに安楽国の世界にいたることができる。無量光明土にいたって無数の仏を供養する。〈以上〉

　支謙訳の『*仏説諸仏阿弥陀三耶三仏薩樓仏檀過度人道経』には、つぎのようにのたまわれている。

仏（釈尊）はのたまわれている。

「阿弥陀仏の光明は最も尊ぶべきであって、比べられるものがない。諸仏の光明はすべてこれに及ばない。八方および上下におわします無数の諸仏のなかには、仏の頭上から放たれる光明が七丈四方を照らしているものがある。仏の頭上から放たれる光明が一里四方を照らしているものがある。〈中略〉仏の頭上から放たれる光明が二百万の仏国土を照らしているものがある」

仏はのたまわれている。

「もろもろの八方および上下におわします無数の仏の頭上から放たれる光明が、輝き照らしている範囲はすべてこのようである。阿弥陀仏の頭上から放たれる光明が、輝き照らしているのは千万の仏国土である。諸仏の光明が照らす範囲に遠近がある理由は、仏たちが前世の宿命によって仏道を求め、菩薩であったときに誓願をたてたのであるが、その誓願の功徳におのずから大小の相違があるゆえである。菩薩が仏となることができたときに、おのおのがそれぞれの誓願の果報を得たのである。それゆえに、光明は決して同等ではない。仏たちの偉大なる働きはすべて同等である。ただ仏たちが自由意思で仏道を志されたときに、果報として得られる光明の広大さをあらかじめ期待していなかったことのために、光明に大小ができたにすぎない。それゆえに阿弥陀仏の光明の照らす範囲が最大であり、諸仏の光明は、すべてこれに及ぶことができない」

仏は阿弥陀仏の光明が、究極の善であることを賞めたたえられている。

「阿弥陀仏の光明は究極の善であって、諸善のなかで最も輝やかしいものである。その快（こころ）よさは比べられるものがない。まさに最善であって極まるところがない。阿弥陀仏の光明は清潔であって、わずかな穢（けが）れもなく、欠けることも減ることもない。阿弥陀仏の光明は、太陽や月の光よりも百千億万倍も輝やかしい。諸仏の光明のなかで最も明るい。光明のなかで最も美しい。光明のなかで最も傑出したものであり、光明のなかで最も快（こころ）よい善である。諸仏のなかの王である。光明のなかで最も尊ぶべきものであり、光明のなかで最も明るく際限のないものである。もろもろの無数の天下の暗黒の場所を輝やき照らせば、いずこも大いに明るくなる。諸国土の人間も、飛ぶ虫、這う虫のたぐいも、阿弥陀仏の光明を見ないことはない。見たてまつるものは、慈悲心を生じて歓喜しないものはない。世間に住む貪欲・瞋恚・愚癡に迷っているものも、阿弥陀仏の光明を見たてまつって善をなさないものはない。もろもろの地獄や畜生や餓鬼や阿修羅の苦しみの世界にいるものが阿弥陀仏の光明を見たてまつれば、やがてすべてのものが苦しみからまぬがれる。当座の苦しみは完全に癒やされないとしても、死んでのちに、憂いや苦しみから解脱できないものはない。阿弥陀仏の光明とみ名とは、八方および上下の無数の諸仏の国に聞こえている。もろもろの天人や人間で、これを聞き知らぬものはいない。聞き知るもので、悟りを開かないものはいない」

仏はのたまわれている。

「私一人が阿弥陀仏の光明を賞めたたえているのではない。八方および上下の無数の仏や縁覚や菩薩や阿羅漢が、すべて私と同様に賞めたたえている」

仏はのたまわれている。

「人間のなかに善男子・善女人がいて阿弥陀仏のみ名を聞き、光明を賞めたたえ、朝夕につねにその光の美しさを賞めたたえて心をつくしてやめることがなければ、心の願いのとおりに阿弥陀仏国に往生する」〈以上〉

*菩提流支訳の『*不空羂索神変真言経』には、つぎのようにのたまわれている。

そなたがつぎの世で生まれるのは、阿弥陀仏の清浄の報土である。蓮華のなかに化生*して、つねに諸仏を見たてまつり、もろもろの悟りを得るであろう。得られる寿命は無限であって、百千劫年に及ぼう。そなたは報土においてただちに*阿耨多羅三藐三菩提にいたり、退転することがない。私がつねに護ろう。〈以上〉

『*涅槃経』には、つぎのようにのたまわれている。

また悟り（解脱）というのは、有・無の相対を超えた絶対無（虚無）と名づけられる。絶対の無こそが悟りである。悟り（解脱）はすなわち如来である。それゆえに如来はすなわち絶対の無そのものである。絶対無である如来は、みずから為すことはない。しかし、あらゆることを行なうのである。〈中略〉真の悟りとは、生まれることも滅びることもなく、生滅を超越していることである。そのような悟りそのものが、すなわち如来である。それゆえに如来もまた生滅を超越している。如来とは、生まれず、滅びず、老いず、死なず、破れず、壊れないものであって、因縁によって生じまた滅する現実の存在ではない。この意味でもって、如来は悟り（大涅槃）に入りたもうと言うのである。〈中略〉また悟りは、それ以上のものがないもの（無上上）と名づける。〈中略〉無上上は真の悟りである。真の悟りはすなわち如来である。〈中略〉無上の悟り（阿耨多羅三藐三菩提）を成就すれば、物に愛執することも人を疑うこともなくなる。無愛執・無疑惑がすなわち真の悟りである。真の悟りはすなわち如来である。〈中略〉如来はすなわち涅槃である。涅槃はすなわち永遠なるもの（無尽）である。無尽はすなわち如来の本質（仏性）である。如来の本質とはすなわち、不安や動揺のまったくないもの（決定）である。不安や動揺のまったくないものはすなわち、無上の悟りである。

釈尊がこのように説きたもうと、*迦葉菩薩は仏に申しあげた。

「世尊よ、もし涅槃と仏性と決定と如来とが同一の意味の名称であるとすれば、どうして仏と法と僧の三宝に帰依せよと、三つのものに帰依することをお説きになるのでしょう」

仏は迦葉に、つぎのように告げたもうた。

「善男子よ、三宝に帰依せよと説くのは、一切の衆生が生死を怖れるゆえである。衆生は生死を怖れるゆえに、三宝に帰依して真実の道に入ることを求める。衆生は三宝という現世の存在に帰依することによって、現世を超越している仏性と決定と涅槃とを知ることができるのである。善男子よ、もろもろの存在のなかには、名称が同一であって意味が異なるものがある。名称と意味がともに異なるものもある。名称が同一であって意味が異なるというのは、仏は常住であり、法も常住であり、永遠の僧団も常住なるものである。涅槃・虚空もすべて常住なるものと名づける。すべて常住とは言うが、おのおの異なったものである。これを、『名称が同一であって意味が異なる』と言う。名称と意味がともに異なるというのは、仏を覚（悟り）と名づける。法（存在の理法＝真理）を不覚（悟らぬもの、すなわち悟られるもの）と名づける。僧を和合と名づける。涅槃を解脱と名づける。虚空を非善（善悪の対立をこえている）と名づける。また無礙（障害がないもの）と名づける。これを、『名称と意味がともに異なっている』と言うのである。善男子よ、三宝に帰依せよと説くのは、このようにも説かれる事柄である」〈略出〉

　また、つぎのようにものたまわれている。

　光明は、疲れることも衰えることもないもの（不羸劣）と名づける。疲れも衰えもしないものが、如来と名づけられる。また、光明は一切を明らかにするゆえに、名づけて智慧とする。

また、つぎのようにものたまわれている。〈以上〉

善男子よ、一切の因縁によって存在しているもの（有為（うい））はすべて無常である。虚空は因縁を超越したもの（無為）である。それゆえに、恒常である。仏の本質（仏性）は無為である。それゆえに、恒常とするのである。それゆえに虚空はすなわち仏性である。また仏性はすなわち如来である。それゆえに如来はすなわち無為である。無為はすなわち恒常である。恒常とはすなわち法である。法はすなわち、法によって生きる僧となって無常の世に出現する。それゆえにすなわち僧は、因縁を超越している無為である。無為である僧も恒常である。〈中略〉善男子よ、たとえば牛から乳ができ、乳から酪*ができる。酪から生蘇（しょうそ）ができる。生蘇から熟蘇ができる。熟蘇から醍醐ができる。醍醐が最上のものである。これを飲むものは、もろもろの病いがすべて取り除かれる。ありとあらゆる薬が、すべてそのなかに含まれているようなものである。善男子よ、仏もまたそのようなものである。仏が十二部経*をお説きになられた。十二部経からまず華厳経*が説かれ、次に阿含経*（修多羅（しゅたら））が明らかにされ、修多羅から次に大乗経*（方等経）が明らかにされた。方等経から真実の智慧を説く経典（般若波羅蜜経（はんにゃはらみつ））ができた。般若波羅蜜経から無上の悟りを説く経典（大涅槃経）ができたのである。この大涅槃経は醍醐のようなものである。醍醐というのは仏性*のたとえである。仏性はすなわち如来である。善男子よ、このような意味で〝如来が所有する功徳は無量であり無辺であり、語ることのできぬものである〟と宣(のたま)われるのである。〈抄出〉

また、つぎのようにものたまわれている。

善男子よ、道には二種類がある。一つには恒常なる道、二つには無常なる道である。菩提の相にまた二種類がある。一つには恒常なる菩提、二つには無常なる菩提である。涅槃もまた同様である。外道の道を無常と名づけ、仏道の道をば、これを恒常と名づけるのである。声聞や縁覚が得る菩提を無常と名づけ、菩薩・諸仏が得る菩提を恒常と名づけるのである。外道の解脱は無常と名づけ、仏道の解脱は、これを恒常と名づけるのである。善男子よ、仏道と菩提および涅槃をすべて、名づけて恒常とする。一切衆生はつねに限りない煩悩によっておおわれ、智慧の眼を具えていないゆえに見ることができない。しかし、これらを見ようと思って、戒律と禅定と智慧とを修めれば、仏道と菩提および涅槃を見る。これを、菩薩が仏道と菩提と涅槃とを得ると名づける。仏道の本質も外見も、まことに生まれず、かつ滅びぬものである。それゆえに、把握できないものである。〈中略〉仏道には相(すがた)かたちがないとはいえ、見ることはできるであろう。思いはかって知ることはできるであろう。何故なら実際に、仏道は現実に働きつづけているゆえである。〈中略〉衆生の心に相かたちはない。それゆえに長くもなく短くもなく、粗でも密でもなく、縛られたり解かれたりできるものでもない。しかし見ることはできないとしても、心もまた働きをもって確かに存在している。仏道・菩提・涅槃もこれと同様である。〈抄出〉

また、つぎのようにものたまわれている。

善男子よ、大楽があるゆえに大涅槃と名づけるのである。涅槃は無楽(一般の苦楽を超絶している楽しみ)であり、四楽を具えているゆえに大涅槃と名づけるのである。何を四つとするかといえば、第一には、もろもろの楽しみを断っているゆえである。楽を断たないことを苦と名づける。もし苦があれば大楽とは名づけない。楽を断つことのゆえに、苦があることはないであろう。無苦無楽を大楽と名づけるのである。涅槃の性質は無苦無楽である。それゆえに、涅槃を大楽と名づけるのである。この意味があるゆえに、大涅槃と名づけるのである。またつぎに、善男子よ、楽に二種類がある。一つには凡夫の楽、二つには諸仏の楽である。凡夫の楽は無常であり、破れ壊れるものである。それゆえに、楽ではない。諸仏の楽は恒常である。変化することがないゆえに大楽と名づけるのである。またつぎに、善男子よ、三種の感受がある。一つには苦の感受、二つには楽の感受、三つには不苦不楽の感受である。不苦不楽は、これもまた苦である。涅槃も不苦不楽と表わされるが、苦楽を受けないのではなく、苦楽を超越しているがゆえにこれを大楽と名づけるのである。大楽があるゆえに大涅槃と名づけるのである。第二には、大寂静であるゆえに大楽と名づける。涅槃の性質は大寂静である。なんとなれば、心身を苦悩せしめる一切の事柄から遠く離れているゆえである。大寂静であるゆえに、大涅槃と名づけるのである。第三には、一切の智慧を具えているゆえに大楽と名づける。一切の智慧がなければ大楽とは名づけない。諸仏如来は一切の智慧を具えているゆえに大楽と名づけるのである。大楽を具えているゆえに、大涅槃と名づけるのである。第四には、身が壊れることがないゆえに大楽と名づける。もし身が壊れれば大楽と名づけない。如来の身は金剛であって壊れることがない。煩悩の身でも、無常の身でもない。それゆえに大楽と名づける。大楽を具えているゆえに、大涅槃と名づけるのである。〈以上〉

　また、つぎのようにものたまわれている。

涅槃は量によってはかることもできず、考えも及ばないゆえに、大般涅槃（大いなる涅槃）と名づけることができるのである。純粋に清浄であるがゆえに大涅槃と名づけるのである。純粋に清浄とはどういうことかといえば、まず浄には四種類がある。何を四つとするかといえば、一つにはこの迷いの世界*二十五有を不浄と名づける。迷いのすべてを永遠に断じるゆえに、浄と名づけることができるのである。浄がすなわち涅槃である。このような涅槃は迷いの世界に対比すれば、迷いを離れた境地としての存在である。そのような境地を涅槃と名づけることができる。しかし実際にはこれは、存在とは言えない。諸仏如来が世俗の表現にしたがって、涅槃は存在すると説きたもうのである。たとえば、世俗の人間が父ではないものを父と言い、母ではないものを母と言うのに似ている。実際には父母ではないのに、父母と言うようなものである。涅槃もまた同様である。世俗にしたがうゆえに、涅槃を、存在するものであって大涅槃であると諸仏が説きたもうのである。二つには、業清浄（ごうしょうじょう）（仏の身・口・意の行ないはすべて清浄である）のゆえである。一切凡夫の行ないは不清浄であるゆえに、涅槃とは言えない。諸仏は業清浄であるゆえに大浄と名づける。大浄であるゆえに大涅槃と名づけるのである。三つには、身清浄のゆえである。もし身が無常なる存在であれば不浄と名づける。如来の身は恒常であるゆえに大浄と名づけるのである。大浄であるゆえに、大涅槃と名づけるのである。四つには、心清浄のゆえである。もしも心に煩悩があれば不浄と名づける。仏心はまったく煩悩がないゆえに大浄と名づける。大浄であるゆえに、大涅槃と名づけるのである。善男子よ、このような大涅槃を必ず得るであろう者を、善男子・善女人と名づけるのである。〈抄出〉

　また、つぎのようにものたまわれている。

善男子よ、諸仏如来には煩悩が生じない。これを涅槃と名づけるのである。具えている智慧は、いかなる法をも明らかに洞察する。これを如来とするのである。如来は凡夫・声聞・縁覚・菩薩ではない。これを仏性と名づけるのである。如来は心身も智慧も無数無辺の国土に満ちたもうて、その力を妨げるものはない。それゆえに如来を虚無と名づけるのである。如来は恒常に存在しておられて変化することがない。それゆえに姿なき真理そのもの（実相）と名づけるのである。真理そのものである如来は、ただ単につねに涅槃の状態におられる（畢竟涅槃）のではない。すなわち慈悲にうながされて、われわれが住む迷いの世界に、私たちと同じような姿をもってお出ましになる。そのときのお相を菩薩と名づけるのである。〈以上〉

また、つぎのようにものたまわれている。

迦葉菩薩が申しあげた。

「世尊よ、仏性は恒常であって、虚空のようにあまねく存在しております。何んのゆえに、如来は仏性を未来にあると説かれるのでしょう。如来は〝一闡提（仏道に無縁なもの）には善き法がない〟と説かれますが、一闡提のともがらでも、同学のものや、ともに教えを受けてきた師や父母や親族や妻子にたいして、どうして愛の思いが生じないと言えるのでしょう。愛の思いを生じるのであれば、これは善と言えるのではありますまいか」

仏はつぎのようにのたまわれた。

「よいかな、よいかな、善男子よ、そなたは善心をいだいて今の問いを発したのである。仏性は虚空のようにあまねく存在している。それゆえ仏性には過去も、未来も、現在もない。ところが衆生には三種の身がある。いわゆる過去の衆生・未来の衆生・現在の衆生である。このような衆生は、未来に荘厳清浄の身を具えて仏性を見ることができる。それゆえに、私は仏性は未来にあると説いたのである。善男子よ、私（釈尊）は衆生のために、あるときは原因をもって結果を説き、あるときは結果をもって原因を説く。それゆえに『経』のなかで、命のことを、命を保つ原因である食物でもって表現したり、物や声を見聞きする働きのことを、その働きの結果として認識された物や声そのものでもって表現することがある。このようにさまざまな説き方があるが、衆生は未来には必ず清浄となるゆえに、仏性は未来にあると説いたのである」

「世尊よ、仏がお説きになる意味のとおりでございましょう。仰せのとおりであれば、何ゆえに一切衆生悉有仏性（一切衆生にはことごとく仏性がある）と宣われるのでしょう」

「善男子よ、衆生の仏性が現在は無いとはいえ、本当に無いと言うべきではない。虚空のようなものである。虚空の本性は無であるとはいえ、現実に無いと言うことはできないのである。同様に、一切衆生は無常であるとはいえ、仏性はつねに存在していて変化がない。それゆえに、私は『経』のなかで、衆生の仏性は非内非外（内にも外にも存在しない）であってなお虚空のようなものであると説いたのである。非内非外であって、虚空のように存在している（有である）のである。もし虚空に、内にあるとか、外にあるとかの、一般の存在と同様の区別があれば、虚空は一でありえず、恒常でもありえない。また、一切の所に存在するとも言えない。虚空はまた非内非外であるとはいえ、もろもろの衆生はすべて、虚空において存在しているのである。衆生の仏性もまた、この虚空のようなものである。

さて次に、そなたは一闡提にも善き法があろうと言うが、これはあやまりである。彼らは身・口・意においても、また欲望や願望や布施や学問においても、すべてが邪業（よこしまな行ない）である。何ゆえかといえば、真理の法である因果の道理を求めていないゆえである。善男子よ、それは訶梨勒の樹が、根も茎も枝も葉も花も実も、すべてが苦いことにひとしい。一闡提の行ないもまたそのように、すべてが邪なるものである」〈以上〉

また、つぎのようにものたまわれている。

善男子よ、如来は衆生の能力や性質などの優劣を、ありのままに見分け知る力（知諸根力）を具えておられる。それゆえに、衆生の資質の上中下の差異をよく知り、よく洞察して、それぞれの衆生の資質を分別し、下の資質のものを中の資質に転じられる。よく当人を見極めて、中の資質のものを上の資質に転じられる。またよく当人を見極めて、上の資質のものを中の資質に転じられる。またよく当人を見極めて、中の資質のものを下の資質に転じられる。それゆえに、まさに衆生の資質は決定しているものではないと知るべきである。決定していないゆえに、あるいは善なる資質が断ちきられてしまったとしても、またふたたび生まれることもあるのである。もし、もろもろの衆生の資質が決定しているとすれば、いったん断ちきられて消滅してしまったあとで、ふたたび生じることはついにないはずである。また、〝一闡提のともがらは地獄に堕ちて、その寿命は一劫である〟と、堕地獄の時間が説かれるはずがない。善男子よ、それゆえに如来は、存在する一切のものに決定した相(すがた)はないと説きたもうのである。

迦葉菩薩は仏に申しあげた。

「世尊よ、如来は知諸根力を具えて、*善星(ぜんしょう)(釈尊の子)はまさに善なる資質を失ってしまうであろう、とよく洞察しておられたはずです。にもかかわらず、なんの因縁でもって善星の出家をお許しになったのでしょう」

仏はつぎのようにのたまわれた。

「善男子よ、私がむかし出家したとき、私の弟の*難陀(なんだ)や、従弟の阿難や*提婆達多(だいばだった)や、子供の*羅睺羅(らごら)など、すべての同胞が私に従って家を出、仏道を修めた。もしもそのときに私が善星の出家を許さなければ、この子は王位を継ぐこととなった。王位に就けば、この子は権力をほしいままにし、きっと仏法を破壊したことであろう。このような因縁があるゆえに、私は善星が家を出て仏道を修めることを許したのである。善男子よ、善星比丘は出家しなかったとしても、善なる資質を失っていたことであろう。無限に生死流転をくりかえして、ついに仏道の利益にあずかることはなかったであろう。善星はいま出家して、しかも善なる資質を失ってしまったとはいえ、よく戒を受持し、勝れた長老たちや徳ある人びとを供養し恭敬して、*初禅から第四禅を修することになれば、これは善き原因である。このような善き原因が善き動機を生じるのであり、善き動機が生じれば、よく仏道を修するであろう。仏道を修習すれば、まさに阿耨多羅三藐三菩提が得られる。それゆえに、私は善星の出家を許したのである。善男子よ、もし私が善星比丘の出家を許し、戒を受けさせなければ、私は*十力を具えた如来と称することはできないであろう。〈中略〉善男子よ、如来は衆生のこのような上中下の資質をよく見抜かれるのである。それゆえに、仏は衆生の資質を知る力を具えている(具知根力)と称せられるのである」

迦葉菩薩は仏に申しあげた。

「世尊よ、如来はこの知根力を具足したもう。それゆえに、一切衆生の上中下の資質や利鈍の差別をよく見抜いて、それぞれの人とその心と時とを考え、それらにふさわしく法を説かれる。それゆえに如来を知諸根力と名づけたてまつる」〈中略〉

あるいは仏は、つぎのように説いて宣われたことがある。

「四重の禁制（殺害・盗み・邪婬・妄語）を犯し、五逆の大罪をつくる一闡提なども、すべて仏性がある」〈中略〉

如来世尊は国がらに応じ、時代に応じ、教えを説く相手の用語に応じ、人それぞれに応じ、人それぞれの品性に応じて、同一の教えのなかにおいて二種類の説をなされる。その一つは、一つの名を持ったものに無数の名をつけて説かれる。二つには、一つの意味のものに無数の名をつけて説かれる。三つには、無数の意味を持ったものに無数の名をつけて説かれる。

一つの名に、無数の名を説くとはどういうことであるか。これは涅槃について、無数の名を説くようなことである。まず涅槃と名づける。無生と名づけたり、無出（二度と生死輪廻の世界に出ない）と名づけたり、また無作（行為しようとしなくて行為するもの）と名づけ、また無為（生滅を超えたもの）と名づけ、また帰依（最後のよりどころ）と名づけ、また窟宅（堅固な家）と名づけ、また解脱（煩悩から解き放たれたもの）と名づけ、また光明（智慧の光の輝やくもの）と名づけ、また灯明（闇を破るもの）と名づけ、また彼岸（生死輪廻の彼方の世界）と名づけ、また無畏（畏れるべき何物もないもの）と名づけ、また無退（生死輪廻の世界に退転しないもの）と名づけ、また安処（生老病死のない安らかな場所）と名づけ、また寂静（とらわれのないしずけき悟りを得たもの）と名づけ、また無相（形相を超えたもの）と名づけ、また無二（絶対）と名づけ、また一行（絶対的行為）と名づけ、また清涼（欲望を離れたすがすがしいもの）と名づけ、また無闇（煩悩の闇がない）と名づけ、また無礙（何物にも妨げられないもの）と名づけ、また無諍（諍いがないもの）と名づけ、また無濁（煩悩の濁りがないもの）と名づけ、また広大（功徳の広く大きいもの）と名づけ、また甘露と名づけ、また吉祥（もっともめでたきもの）と名づけるのである。これを、一つの名に無数の名をつくると名づける。

一つの意味に、無数の名を説くとはどういうことであるか。これは*帝釈天のようなものである。〈中略〉

無数の意味に、無数の名をつけて説くとはどういうことであるか。それは仏如来のみ名のようなことである。如来の意味はさまざまであり、名もまたさまざまである。これを*阿羅漢とも名づけるが、この意味も名もさまざまである。また三藐三仏陀（何ごとについても正しい智慧を得、絶対平等の悟りを得たお方）とも名づけるが、この意味も名もさまざまである。また船師（船長）と名づけ、また導師（人びとを導くもの）と名づけ、また正覚（正しい悟りを得たもの）と名づけ、また明行足（正しい智慧と行為を完全に具えたもの）と名づけ、また大獅子王（すべての王）と名づけ、また沙門（悟りを求めるもの）と名づけ、また*婆羅門と名づけ、また寂静（とらわれのないしずけき悟りを得たもの）と名づけ、また施主（人びとに功徳を施すもの）と名づけ、また到彼岸（悟りの彼岸に到ったもの）と名づけ、また大医王（人びとの煩悩の病を治すもの）と名づけ、また大象王（大象の如き偉大なもの）と名づけ、また大龍王と名づけ、また施眼（おのれの眼をくりぬいて施すもの）と名づけ、また大力士（十力を備えるもの）と名づけ、また大無畏（恐れのないもの）と名づけ、また宝聚（功徳の宝を集めたもの）と名づけ、また商主（すべての人びとを統率するもの）と名づけ、また得解脱（煩悩から解き放たれたもの）と名づけ、また大丈夫（偉大なるもの）と名づけ、また天人師（天人と人間を導くもの）と名づけ、また大分陀利（大いなる白蓮華）と名づけ、また独無等侶（ならぶものなき勝れたもの）と名づけ、また大福田（大いなる福徳を生じる田圃）と名づけ、また大智海（大いなる智慧をたたえるもの）と名づけ、また無相（形相を超越したもの）と名づけ、また*具足八智（八種の智慧を具えたもの）と名づけるのである。このような名称のすべては、意味も名もさまざまである。善男子よ、これを、無数の意味のものを、無数の名をつけて説くと名づける。

　また同一の意味でありながら、無数の名を説くことがある。いわゆる*陰（人間の身体を構成するもの）がその一つである。これを陰と名づけ、また顛倒（真理に背反するもの）と名づけ、また名づけて*諦とし、また*四念処とし、また*四食とし、また*四識住処とし、また有

(生死の世界に迷うもの)とし、また道(六道を輪廻するもの)とし、また時(時間に束縛されるもの)とし、また衆生(命あるもの)とし、また世(現実の現象世界)とし、また第一義(真実の悟り)とし、また三修(三つの修行)と名づける。三修はすなわち、身を修め、戒を修め、心を修めることである。また*因果と名づけ、また*煩悩と名づけ、また*解脱と名づけ、また*十二因縁と名づけ、また声聞・辟支仏(縁覚)とも名づける。また地獄・餓鬼・畜生・人間・天人と名づけ、また*過去・現在・未来とも名づけるのである。これを、一つの意味のものを、無数の名をつけて説くと名づける。

善男子よ、如来世尊は衆生を救おうとして、広大な教えを簡略化して教えたり、簡略な教えを広くさまざまに説いて教えたりされる。また究極の教えを説いて世俗の教えとし、世俗の教えを説いて究極の教えとされるのである。〈略出〉

また、つぎのようにものたまわれている。

また迦葉菩薩は申しあげた。

「世尊よ、究極の教えを、また道とも名づけるのです。また菩提とも名づけ、涅槃とも名づけるのです」〈中略〉

また、つぎのようにものたまわれている。

善男子よ、私は『経』のなかで、如来の身をおおよそ二種類に分けて説いている。一つには生身、二つには法身である。生身というのは、衆生を救うために仮りに出現した方便応化の身である。このような身は、衆生と同様に生老病死する。長短や黒白などのあれこれの相を具えており、悟りを得るためにいまだ学ぶべきことを有したり、もはや何も学ぶべきことがなかったりする。私のもろもろの弟子で、この教えを聞いて私の真意を悟ることができなければ、「釈尊は、仏身とは因縁によって生起・衰滅する実なる存在であると説かれた」と主張するであろう。次に法身とは、すなわち永遠の安楽であり、清浄なる大我である。一切の生老病死を永遠に離れており、黒白・長短などさまざまな相をとることがなければ、悟りを得るために、学ぶべきことが有るとか無いとかということもない。それゆえに、仏はこの世に出現されようと、出現されなくとも、つねに動くことも変化することもない。善男子よ、私のもろもろの弟子で、この教えを聞いて私の真意を悟ることができなければ、「釈尊は、仏身とは因果を超越した不生不滅なるものであると説かれた」と主張するであろう。

　また、つぎのようにものたまわれている。

　私が説いた十二部経のようなものである。そのなかには、私が意のままに説いた教えもあれば、相手の器量に応じて説いた教えもある。なかば意のままに、なかば器量に応じて説いた教えもある。〈中略〉善男子よ、私は、「*十住の菩薩はすこしく仏性を見る」

と説いたが、これを相手の器量に応じた説き方と名づける。何ゆえに「すこしく見る」と説いたかといえば、十住の菩薩は*首楞厳（しゅりょうごん）などの三昧や三千の法門を得ている。それゆえに、このような声聞は、自分が阿耨多羅三藐三菩提（あのくたらさんみゃくさんぼだい）を得ることができると、みずから知っている。この者はしかし、一切衆生もまた必ず阿耨多羅三藐三菩提を得られることを見ていない。それゆえに私は、「十住の菩薩はすこしく仏性を見る」と説くのである。善男子よ、私が「一切衆生にはことごとく仏性がある」とつねに説いているのは、私の意のままの教えである。一切の衆生は断えることも滅することもなく、すべてが阿耨多羅三藐三菩提を獲得する。この教えを、私の意のままの教えと名づける。一切衆生にはことごとく仏性がある。しかし煩悩が覆っているゆえに見ることができない。そのように私が説いて、そなたの説もまた同じであると説くのを、なかば自分の意のままに、なかば相手の器量に応じた教えと名づけるのである。善男子よ、如来は一つのことを説き教えるために、あるときには無数の教えを説くのである。〈抄出〉

　また、つぎのようにものたまわれている。

一切を悟った者を仏性と名づける。十住の菩薩は、一切を悟った者と名づけられない。この者はいささかの仏性を見るのであって、一切を悟っていないゆえに、存在の真相を見ているとはいいえ、見抜きおえてはいないのである。善男子よ、見ることには二種類がある。一つには眼見、二つには聞見である。諸仏世尊は眼で仏性を見そなわしておられる。それは掌のなかの阿摩勒（マンゴー）の実を見ておられるようなものである。十住の菩薩は仏性を聞見はしていても、わが眼で十分に見つくしてはいない。十住の菩薩は、自分が必ず阿耨多羅三藐三菩提を得ることをよく知ってはいるが、一切衆生がことごとく仏性を具えていると知ることはできない。善男子よ、眼見とは、諸仏如来の行ないである。十住の菩薩は時に仏性を眼見し、また聞見もする。一切の衆生から九地の菩薩にいたるまでのものは、仏性をただ聞見するのである。しかしながら、菩薩が一切衆生にことごとく仏性があると説き聞かされても、心にこの教えにたいする信が生じなければ、聞見をしたとは名づけないのである。〈中略〉

　そのとき獅子吼菩薩摩訶薩は申しあげた。

「世尊よ、一切衆生は如来の心の内を知ることができません。どうしてそれを観察して知ることができるのでしょう」

「善男子よ、まことに一切衆生は如来の心の内を知ることができない。もし観察して知りたいと思うのであれば、二つの手段がある。一つには眼見、二つには聞見である。もし如来が身に具えられた身体の行ないを見たてまつれば、このお方は如来であると明らかに知るであろう。これを眼見と名づけるのである。もし如来が身に具えられた口の行ないを観察すれば、このお方は如来であると明らかに知るであろう。これを聞見と名づけるのである。もし如来の顔かたちを見て、これは一切衆生に並びなきお方であると分かるならば、そのときに、このお方は如来であると明らかに知るであろう。これを眼見と名づけるのである。もし如来の音声の微妙さや並すぐれたさまを聞けば、衆生が身に具えている音声と同じではないことがわかるであろう。そのときに、このお方は如来であると明らかに知るのである。これを聞見と名づける。もし如来が行なわれるところのさまざまな神通を見たてまつり、これは衆生のための行ないであるか、みずからの名利のためであるかを分別して、もし衆生のためであって名利のために行なっておられないと分かれば、このお方は如来であると明らかに知るであろう。これを眼見と名づける。もし如来を観察して、如来が他心智（他人の心を洞察する智慧）でもって衆生を見そなわされるときに、名利のために教えを説かれるのか、衆生のために説かれるのかを分別して、もし衆生のためであって名利のために説かれるのではないと分かれば、このお方は如来であると明らかに知るであろう。これを聞見と名づけるのである」〈略出〉

　*天親論主の『浄土論』には、つぎのように説いて宣われている。

「世尊よ、私は一心に尽十方無礙光如来に帰命したてまつって安楽の浄土に生まれようと願う。かの世界の相を観れば、全宇宙の世界のいずれの国土よりも勝れている。つま

るところは虚空のようである。広大であって際限がない」〈以上〉

*曇鸞大師の『浄土論註』には、つぎのように説かれている。

極楽浄土は、清浄という功徳でもって荘厳されている。このことは『浄土論』の偈に「かの世界の相を観ずれば、他の一切の世界を超えて勝れている。それゆえに清浄功徳成就という」と歌われている。これがどうして不思議でないことがあろう。凡夫なる人間の、煩悩に満ちみちている者がいても、かの浄土に生をうければ、再び迷いの世界に堕ちるべき業因に、断じて引かれなくなる。これはすなわち、煩悩を断滅せずとも、涅槃のすべてを得られることである。どうして私たちの思議の及ぶところでありえよう。

また、つぎのようにも説かれている。

『浄土論』に、「正しい仏道の大慈悲は、世を超えた善なる修行から生じた」とある。この二句は「荘厳性功徳成就」と名づける。〈中略〉「性」とは根本ということである。その意味は、浄土は如来の法性にしたがって成就されたものであり、法の根本にそむくものではないということである。これは『華厳経』に説かれてある宝王如来の、身体も口も心もすべて法性そのものから起こったものであるとされる、その性起の意味と同じである。またその意味は、仏道修行を積み重ねて、その習いがついに性質となって成就するということでもある。これは法蔵菩薩の修行をさしている。彼岸にいたるためのさまざまな修行を集めて、習い積んで自身の性として成就されたのである。

また「性」というのは、聖者となることができる性質（聖種性）のことである。法蔵菩薩はじめ、世自在王仏のもとにあって*無生忍を悟った。そのときの位を聖種性と名づけるのである。法蔵菩薩はこの性の中にあって四十八の大願を発し、この国土を造りたもうた。すなわち安楽浄土という国土である。これは、聖種性ないし四十八の大願という原因があって得られたものである。浄土という結果から見れば、聖種性は原因である。それゆえに聖種性という原因を、「性」と名づける。

また、性というのは必然という意味である。不改という意味である。海水の味は同一であり、さまざまな川が流れ入っても必ず一味となって、味が川の水によって改められないことと同様である。また人体の性は不浄であるゆえに、さまざまな美味や美好を摂取しても、体に入ればすべて不浄となるようなものである。安楽浄土は、そこへどのような人が往生しようと、もはや不浄のかたちはなく、不浄の心もない。ついにはすべてのものが、清浄平等で姿形なき真理そのものの仏となる。これはこの安楽国土に、清浄の性が成就したもうているゆえである。

「正しい仏道の大慈悲は、世を超えた善なる修行から生じた」というのは、平等の大道のことである。平等の道を正道と名づけるのは、平等はあらゆる存在の真の相（性）であるゆえである。あらゆる存在が真相において平等であるゆえに、真相より発起する菩提心は平等である。発心が平等であるゆえに、修行の道も同一である。道が同一であるゆえに、大慈悲も同一である。大慈悲は涅槃にいたる仏道の正しい原因であるゆえに、「正道は大慈悲である」と宣われているのである。慈悲は三種の縁より生じる。一つには一般の現象を通じて生じるもの（衆生縁）*であり、これは小悲である。二つには存在の理法を通じて生じるもの（法縁）*であり、これは中悲である。三つには差別を離れた空の理を通じて生じるもの（無縁）*であり、これが大悲である。大悲はすなわち、世を超えた大いなる善である。安楽浄土は、この大悲から生じたものである。それゆえに、この大悲を浄土の根源であるとする。それゆえに、「出世の善根より生ず」と言うのである。

　また、つぎのようにも説かれている。

問う。法蔵菩薩の本願力、および龍樹*菩薩が『易行品』*でたたえておられることを見ると、どちらもかの国の声聞の数がおびただしいことを勝れているとしておられる。これは奇妙なことである、どのような意味があるのでしょう。

答う。声聞とは、空の一辺のみを悟って、そこに安住してしまっている小乗の仏教徒である。この者からは、他を救うための仏道にむかう根や芽が生じない。しかるに仏は、本願の不可思議の神通力でもって、声聞をも摂取して浄土に生まれしめられるのである。そのときは必ず、ふたたび神通力でもって、声聞に一切衆生を救おうとする無上の道心を起こさしめられる。たとえば鴆鳥（蛇を常食とする毒鳥）が水に入れば、魚貝はことごとく死ぬ。ところが犀の角でもって触れれば、死んだものがすべてよみがえるのに等しい行ないである。仏はこのように、空の悟りに安住してしまっていた声聞に、一切衆生を救おうとする無上の菩提心を起こさしめられるのである。これこそ如来の奇徳の働きである。五種類の不思議のなかで、仏法は最も不可思議なるものである。仏は自分だけが涅槃にいたろうとする声聞たちに、他の衆生をも涅槃にいたらしめようとする無上道心を生ぜしめたもうのである。まことに不可思議のいたりである。

　また、つぎのようにも説かれている。

弥陀の不可思議力とは、すべてかの仏国土の*十七種の荘厳功徳の働きが、私たちの理解の及ぶところでないことを指している。

五種類の不可思議がある。一つには衆生（生命）の数が増えも減りもしないという不可思議、二つにはその生命が業の力で千差万別のあり方をするという不可思議、三つには龍が一滴の水で全世界に大雨を降らせる力を持っているという不可思議、四つには精神統一（禅定）によって神通力を得るという不可思議、五つには仏法の力によって衆生が悟りを得るという不可思議である。第五の仏法力不可思議のうち、仏国土の不可思議にかんしては二種類の力がある。一つには業力であって、法蔵菩薩が出家して積まれた善根と、大願業力とによって成就された仏国土であるということである。二つには、正覚を得られた阿弥陀仏が、その支える力でもって浄土の不可思議なる働きを保っておられることである。

　また、つぎのようにも説かれている。

自利と利他とを示現しておられることについては、『浄土論』に略して、かの阿弥陀仏の国土の十七種の荘厳功徳が成就したことが説かれている。如来のご自身の悟りの大功徳力（自利）が成就したことと、他者を利益し悟らしめる功徳（利他）が成就したこととを示したもうのである。「略して」というのは、かの浄土の功徳ははかりしられないものであって、わずかに十七種だけではないことを表わしている。それは*『維摩経』に説かれてあるような、*須弥山（しゅみせん）が芥子粒（けしつぶ）の中に入ったり、毛孔に大海が入るという不思議と同じである。山や海にそのような不思議な力があるであろうか。毛穴や芥子粒にそのような力があるというのであろうか。そのような不思議は、すべて仏身が具えている神通力によるものである。

　また、つぎのようにも説かれている。

「荘厳不虚作住持功徳成就（阿弥陀仏の第八の荘厳で、虚妄ならざる作業によって保たれ成立している功徳）とはどういうことか。偈に、〃阿弥陀仏の本願の力を知れば、これに遇ってなお虚しく救いから漏れる者はない。一切衆生の心を、よくすみやかに功徳の大宝海に満たしたもう〃がゆえに」と宣われている。

「不虚作住持功徳成就」とは、まことに阿弥陀仏の本願力の働きをあらわすものである。〈中略〉ここで言う「不虚作住持」は、もとの法蔵菩薩の四十八願と、いまの阿弥陀仏の自在の威神力（偉大なる働き）とによっている。法蔵菩薩の本願によって威神力が成就したのであり、威神力は本願にもとづいている。本願はいたずらなるものではなく、それゆえ威神力は虚しいものではない。威神力と本願はあい応じ、どこまでも違うことがない。それゆえに、「成就」と言うのである。〈抄出〉

曇鸞和尚が造りたもうた*『讃阿弥陀仏偈』には、つぎのように讃えられている。

南無阿弥陀仏〈釈して『無量寿傍経』と名づけ、賞めたてまつって安養とも言う〉
阿弥陀仏は成仏よりこのかた十劫を経たもうた
如来の寿命はまさに限りがない
法身の光輪はあまねく全宇宙に満ちて世の盲冥なる衆生を照らしている
それゆえに私は頂礼したてまつる

阿弥陀仏の智慧の光明ははかり知られない
それゆえに仏をまた「無量光」と申しあげる
世のあらゆるものがこの光に照らされている
それゆえに、この真実（しんじつ）なる光明を稽首（けいしゅ）したてまつる

阿弥陀仏の、すべての束縛から解放された自由の身から放たれる光輪は、際限なく輝やきわたっている
それゆえに仏をまた「無辺光」と申しあげる
この光に触れるものは*有無の邪見を離れる
それゆえに、真実の平等を覚りたもうこのお方を稽首したてまつる

阿弥陀仏の光が、雲のごとき何ものにも妨げられずに輝やきわたっているさまは、虚空のようである
それゆえに仏をまた「無礙（げ）光」と申しあげる
煩悩に妨げられる一切のものたちが、この光沢を被（こうむ）っている

それゆえに、はかり知られざるこの如来を頂礼したてまつる

阿弥陀仏の清浄の光明には、比較できるものがない
それゆえに仏をまた「無対光」と申しあげる
この光に会うものは、業の繋縛（けばく）から解きはなたれる
それゆえに、この究極のよりどころを稽首したてまつる

阿弥陀仏の光の輝やきは最も勝れたものである
それゆえに仏をまた「光炎王」と申しあげる
地獄・餓鬼・畜生の闇黒に沈むものもこの光を被る
それゆえに、この供養を受けるにふさわしいお方を頂礼したてまつる

阿弥陀仏の悟りの光は明朗であり、色は他のものに超絶したもう
それゆえに仏をまた「清浄光」と申しあげる
ひとたび光照を被れば罪の濁りは除かれて、すべてのものが悟りをうる
それゆえに、私は頂礼したてまつる

阿弥陀仏の慈悲の光は、はるかに及んで衆生に安楽を施す
それゆえに仏をまた「歓喜を与える光」と申しあげる
光の至るところで、仏法の喜びを得させてくだされる
この大いなる安らぎと慰めを与えてくだされる仏を、稽首し頂礼したてまつる

阿弥陀仏の光はよく無知の闇を破る
それゆえに仏をまた「智慧光」と申しあげる
一切諸仏も声聞・縁覚・菩薩も、ことごとくともに嘆誉（たんよ）したもう
それゆえに、私は稽首したてまつる

阿弥陀仏の光明は、ひとときも休むことなく十方世界を照らしたもう
それゆえに仏をまた「不断光」と申しあげる
この光は仏法を説きつづけたまい、聞くものすべてに信じる心を起こさせて往生せしめたもう
それゆえに、私は頂礼したてまつる

阿弥陀仏の光の意味は、仏以外にははかり知られない
それゆえに仏をまた「難思光」と申しあげる
十方の諸仏は極楽への往生をたたえて浄土の功徳を賞めたもう
それゆえに、私は稽首したてまつる

阿弥陀仏の偉大なる光に相(すがた)はなく、名づけることもできがたい
それゆえに仏をまた「無称光」と申しあげる
光によって成仏したまい、赫然(かくねん)たるその光を諸仏は嘆賞しておられる
それゆえに、私は頂礼したてまつる

阿弥陀仏の光明が照りかがやくさまは、日月を超えている
それゆえに仏をまた「超日月光(ちょうにちがっこう)」と申しあげる
釈迦仏が一劫のあいだ讃嘆したもうても尽きることがない
それゆえに、この絶対の覚者を稽首したてまつる〈中略〉

本師龍樹菩薩はこの世に生まれて
初めて仏法の乱れをととのえられた
邪(よこし)まなる教えを閉ざして正道を開きたもうた
これこそは全世界の一切のまなこである

龍樹菩薩は*釈尊の予言のとおり、歓喜地の悟りを得て阿弥陀仏に帰依し
安楽の浄土に生まれたもうた
私もまた無始よりこのかた*三界をさまよい
煩悩のために虚妄なる苦しみの世界を流転してきた

毎時毎瞬につくる業の因縁により
*六道につながれ*三塗(さんず)にとどまってきた
いま願わくば慈悲の光によって私を護念し、菩提心を失なわざらしめたまえ
私は仏の智慧と功徳の名号を讃嘆する
願わくばこの名号を十方世界のもろもろの縁あるものに聞かしめ

安楽の浄土に往生したいと思うものたちを思いのままに、さわりなく往生せしめたい
あらゆる功徳を大乗・小乗一切の修行者に施して、ともに往生せしめたい
それゆえに私は不可思議光に帰命し
稽首し頂礼したてまつる

全宇宙の過去・現在・未来の無数の智慧ある仏たちも
阿弥陀仏と同じく唯一の真理を悟って仏となられた
すべての仏たちは平等・差別の二つの相を見る智慧を円満しており、どのお方の悟りも平等である
縁にしたがってそれぞれに衆生を摂取し教化しておられる

私が阿弥陀仏の浄土に帰依するのは
他のみ仏たちの浄土に帰依するのと同じである
私は一心をもって一仏を讃嘆する
それはそのまま全宇宙の、あらゆるみ仏たちを讃嘆することである

それゆえに全宇宙の無数の仏たちを
ことごとくおのおの、私は心をつくしてぬかづき礼拝したてまつる　〈以上抄出〉

光明寺の善導*和尚の『観経疏*』の「玄義分」に、つぎのように説かれている。

問う。弥陀の浄土はまさしく報土*であろうか、それとも化土であろうか。

答う。これは報土であって化土ではない。どうして知ることができるかと言えば、*『大乗同性経（だいじょうどうしょうきょう）』に、「西方の安楽浄土と、そこにお住まいの阿弥陀仏は、報土であり報仏である」と説かれている。また『無量寿経』には、「法蔵比丘は、世自在王仏のみもとにおわしまして菩薩の道を行じたもうたときに四十八の願を起こされ、そのそれぞれの願に『たとえ私が仏になることができるとしても、もしも全宇宙に住む衆生が私の名号をとなえて、私が造った国に生まれようと願い、十度でも念仏をとなえて、もし生まれなければ、私は仏にならない』と誓われた」と説かれている。法蔵菩薩は今すでに成仏したもうておられる。これはすなわち、誓願の報いとして成仏された報身（ほうじん）である。また『観無量寿経』のなかには、上品*の三種類に属する念仏者が命を終えるときには、いずれの念仏者をも、「阿弥陀仏および化仏（けぶつ）が共にこの人を迎えにおいでになる」とのたまわれている。誓願の報いとして生まれたみ仏が、化仏をも兼ねて共にお越しになり、念仏者にみ手を授けられると説かれているのである。それゆえに、〃共に〃と名づけられているのである。この文証(もんしょう)があることでもって、阿弥陀仏とその浄土とは、報仏報土であると知られる。

ところで、報身と応身の二つは、眼と目の違いと同様であって、本来は一つである。『*摂大乗論』の*旧訳では報を応と訳し、新訳では応を報と訳しているのである。およそ報という言葉の意味は、原因として行なった修行が虚しいものではなく、必ず結果を生じることを言う。結果が原因に応じているゆえに報と名づけるのである。また、仏道修行者たちがはかり知られぬ長年月のあいだに修めてきた幾万という行は、必ずそれに応じた菩提を得る。すでに仏道が成就したときの身を応身と言うのであって、両者はまったく同じである。過去と現在におわしますもろもろの仏が、法身(ほっしん)・報身(ほうじん)・応身(おうじん)の三身に分けられているのは、この理由によっている。仏には、この三身を除いて他の仏身はない。たとえ仏たちの悟りの過程がさまざまであり、名号が多種多様であろうと、仏身の本質、つまり、現実に姿を現わして人びとを教化したもうということについて論じれば、すべてが化身であって、それにおさまる。いま論じている阿弥陀仏は、現実には姿を現わさないみ仏であるゆえ報身である。

問う。阿弥陀仏がすでに報身であるというのであれば、報身とは恒常なる存在であって、永久に生まれることも滅びることもない。もしそうであれば、何ゆえに『*観音授記経』に、「阿弥陀仏も涅槃にお入りになる」と説かれているのであろう。この意味をどう解釈するのであろう。

答う。涅槃に入る入らないということの意味は、ただ諸仏の境涯においてのみ知られる。声聞・縁覚・菩薩の智慧でもってすら、うかがい知ることができない。ましてや一般の小人や凡人に、容易に知られることではない。とはいえ、ぜひ知りたいと思うのであれば、あえて仏典をひいて明らかな証拠としよう。意味は『*大品経』の「涅槃非化品」のなかに、つぎのように説かれているとおりである。

仏は*須菩提に告げたもうた。「そなたは、どう思うか。もしも幻(化)なる人間が幻なる人間を生むとしよう。生まれでた化なる人間に実体があるであろうか、ないであろうか。虚しいものであろうか、そうでないのであろうか」

須菩提は、「幻でしかありません。世尊よ」と申しあげた。

仏は須菩提に告げたもうた。「相かたちは幻である。それを感覚したり、感受したり、想像したり、意識したりする心のはたらきもまた幻である。このような人間の感覚ばかりでなく、一切をありのままに見る仏の智慧にいたるまで、すべてが幻である」

須菩提は仏に訊ねて申しあげた。「世尊よ、もしもそのように世俗の存在だけでなく、世を超えた仏の智慧もすべて幻であるとすれば、出家したものが悟りを得るまでに経験する修行や、得る智慧もすべて幻でしょうか。いわゆる四念処・*四正勤・*四如意足・*五根・*五力・*七覚分・*八聖道分・*三解脱門・*仏十力・*四無所畏・*四無礙智・*十八不共法などであります。またそれらの修行の果報として得られる賢人や聖人すなわち、いわゆる*須陀洹・*斯陀含・*阿那含・*阿羅漢・*辟支仏・菩薩摩訶薩・諸仏世尊など、このような方々もすべて幻でしょうか、そうではないのでしょうか」

仏は須菩提に告げたもうて、「存在する一切のものがすべて幻である。幻なる存在のなかに、声聞にかんする幻の存在（変化）があり、辟支仏にかんする幻の存在があり、菩薩にかんする幻の存在があり、諸仏にかんする幻の存在がある。これらは煩悩なきものの幻である。また煩悩による存在も幻であり、業因縁によっての存在も幻である。すべてのものはこのように、因縁によって変化する幻の存在であるゆえに、須菩提よ、一切の存在がすべて幻である」とのたまわれた。

須菩提は仏に訊ねて申しあげた。「世尊よ、煩悩を断滅するさまざまな修行と果報があります。いわゆる須陀洹果・斯陀含果・阿那含果・阿羅漢果・辟支仏道は、それぞれにもろもろの煩悩の習性を断滅します。これらはすべて幻でしょうか、そうではないのでしょうか」

仏は須菩提に告げたもうて、「生まれたり滅びたりする存在は、すべてこれ幻である」とのたまわれた。

須菩提は、「世尊よ、どのような存在が幻ではないのでしょうか」とお訊ねした。仏は、「生まれもせず滅びもしない存在があれば、それは幻ではない」とのたまわれた。

須菩提は、「どのような存在が生まれも滅びもせず、幻ではないのでしょうか」とお訊ねした。

仏は、「いつわりの相のない涅槃、この存在は幻ではない」とのたまわれた。

「世尊よ、涅槃に入りたもうたみ仏なるあなたが、みずから説きたもうたように、存在するすべてのものは、本来千差万別の姿なく平等であります。声聞が作ったものではなく、辟支仏が作ったものでもなく、もろもろの菩薩摩訶薩が作ったものでもなく、諸仏が作りたもうたものでもありません。仏がおわしまそうとおわしますまいと、あらゆる存在の本性はつねに空(実体ではない)であります。本性が空であること、これがすなわち涅槃であります。にもかかわらず、どうして涅槃という一つの存在だけが、幻ではないとお説きになるのでしょう」

仏は須菩提に告げたもうた。「まことに、そなたの主張するとおりである。あらゆる存在は平等であって、声聞が作ったものではない。またその他のだれが作ったものでもない。あらゆる存在の本性が空であれば、それがすなわち涅槃である。ところでもしも新たに発心した菩薩が、〃あらゆる存在がすべて本性は空である〃とか、〃涅槃もまた幻のようである〃と聞けば、心はたちまち驚き怖れることであろう。この新たに発心した菩薩のために、私はわざわざ〃生まれかつ滅びるものは幻のようなものである。生まれずかつ滅びないものは幻のようなものではない〃と説くのである」

この聖教を参照すれば、明らかに知られる。阿弥陀仏はたしかに報身である。報身となられたのちに涅槃に入られると『観音授記経』に説かれていようと、それは仏の方便の説であるにすぎない。それゆえ決して報身の意味を裏切るものではない。智慧のある人びとはそのように知るであろう。

問う。かの阿弥陀仏および浄土が、すでに報身・報土であるとすれば、報なる存在は高く微妙なるものであって、小乗の聖者でさえもそこに到達できるものではない。ましてや煩悩の垢にまみれて障害の多い凡夫が、どうして入ることができよう。

答う。もしも衆生の垢や障害について論じるのであれば、彼らは断じて浄土に入れない。しかし浄土往生は、まさしく阿弥陀仏の誓願に依拠しているのである。それゆえに、それを強力なる縁として、人間・天人・声聞・縁覚・菩薩のすべてが、等しく浄土に入ることができる。

また『観経疏』の「序分義」には、つぎのように説かれている。

『観無量寿経』の「私はいま弥陀の浄土に生まれることを願う」以下の文章は、まさに*韋提希夫人が、多くの浄土の中から自分が往生したい浄土として、阿弥陀仏の浄土をとくに選んだことを明らかにしている。阿弥陀仏およびその浄土は、四十八願そのものである。何んとなれば、四十八願はいずれも、自他ともに必ず悟りをひらくという勝れた誓願を原因として起こされている。これらの誓願を原因として勝れた修行が起こり、その修行によって勝れた結果を感得したのである。結果によって、勝れた報いを感成したのである。その報いによって極楽を感成したのである。極楽を造りたもうたことによって、慈悲による化導が起こったのである。慈悲による化導によって、阿弥陀仏の智慧が明らかに開かれたのである。ところで、阿弥陀仏の慈悲心は尽きることがない。智慧はまた窮めることのできないものである。慈悲と智慧とをならべ行じて、ひろく仏法の甘露を開きたもうたのである。それによって教えの雨をあまねく群生に降りそそぎ、すべてのものを法の内に収めとりたもうたのである。それゆえに他の数多くの経典も往生浄土をすすめ、他の多くの仏たちも心を一つにして、すべてが等しく浄土を名ざしてたたえておられる。この因縁があるゆえに、釈迦如来はひそかに韋提希夫人をこの世におつかわしになって、特別に極楽浄土を選ばしめようとされたのである。

また『観経疏』の「定善義」には、つぎのように讃えられている。

西方の極楽浄土は、生滅を離れたしずけき悟りの都であり
有や無の執らわれをはるかに越えた世界である
その浄土に往生した衆生の心には、阿弥陀仏と同様の慈悲の心が起こり、いずれの場所でも遊ぶがごとく人びとを教化する
さまざまに身を変えて衆生を利益するのであるが、姿形が変わっていても、慈悲の心に差別はなく等しく救いたもう

いざ去ろう
魔郷にとどまるべきではない
私は曠劫よりこのかた
六道を流転してあらゆる苦楽をなめつくした

いずこにも安楽はなく

ただ愁嘆の声を聞いてきた
私はこの一生を終えたあとで
かの涅槃の都に入ってゆこう

また『*法事讃』には、つぎのように讃えられている。

極楽は無為涅槃の境界である
人の善根をもってしては生まれがたい
それゆえに釈迦如来は教えを選んで
弥陀を念仏することを教えたまい、念仏をひたすら専一にせよと説きたもうた

また、つぎのようにも讃えられている。

仏にしたがって、人間のはからいを捨てて、*自然（じねん）に浄土に帰するであろう
真に自然なる世界、それがすなわち弥陀の国土である
煩悩の汚れなく、生滅の変化をも離れた真実の世界である
行ないをつねに仏にしたがわしめて、真実の悟りを得せしめられよ

また、つぎのようにもうたわれている。
弥陀の妙えなる果報を号して
無上涅槃という〈以上抄出〉

*憬興師（きょうごうし）の『述文賛』には、つぎのように説かれている。

無量光仏〈その光を計量できないゆえにこのように申しあげる〉無辺光仏〈この光に照らされぬものがないゆえに〉無碍光仏〈この光を妨げるものがないゆえに〉無対光仏〈もろもろの菩薩の及ぶところでないゆえに〉光炎王仏〈自在なる光明であって、これ以上の光はないゆえに〉清浄光仏〈法蔵菩薩が行じたもうた、何ものも貪（むさぼ）らぬ善行を根として出現したゆえに、また一般の衆生の貪欲を除き、濁った心がないゆえに清浄という〉歓喜光仏〈瞋（いか）りのない善行の根から生まれたゆえに。よく衆生の瞋りに燃えさかる心が除かれるゆえに〉智慧光仏〈煩悩を離れた善行を根とした心から生じ、また衆生の無明（無知）なる心が除かれるゆえに〉不断光仏〈仏の恒常の光が、つねに照らして利益を与えるがゆえに〉難思光仏〈もろもろの声聞・縁覚がはかり知りうるところでないゆえに〉無称光仏〈また声聞・縁覚・菩薩など、仏以外のものが説きあかしうるところではないゆえに〉超日月光仏〈日・月は、昼夜交代でこの世を照らしているが、弥陀の光は、常に一切を照らしているゆえに〉

この光を身に受けるものはことごとく利益を得る。その利益はすべて、第三十三の身*

心柔軟の願を根源としている。〈以上抄要〉

以上のような釈迦如来の真実の教えと宗師たちの解釈によって、明らかに知られる。安養の浄土は、真の報土であることが明らかにされているのである。しかし煩悩に染まった衆生は、この世において仏性をみることができない。煩悩に覆われているゆえである。

『涅槃経』には、「私は、十住の菩薩はすこしく仏性をみると説いた」とのたまわれている。

それゆえに知られる。安楽の仏国にいたれば、即座にかならず仏性をあきらかにすることができる。本願力の廻向によるゆえである。

また『涅槃経』には、「衆生は未来に清浄の身を具足し荘厳して、仏性をみることができる」とのたまわれている。

『起信論』には、つぎのように説かれている。

「存在の真相は、相かたちもない空である。説こうとしても説くことはできず、いかに想像をたくましくしても想像することもできない。そのように、存在の真相について知ることを随順と名づける。さらには、そのような知すらも離れてしまうことを得入と名づける」

*得入は真如三昧に入ることである。一切意識を離れた無念の境位は、妙えなる悟りである。この無念の境は、煩悩が生まれでるその*最初の相を、明らかに見ることによって得られる。しかし、煩悩が生まれでる最初の相を知り無念となるというのは、十住の菩薩ですら知ることができない。ましてや今の人びとは、いまだ十信の位にすらいたっていない。それゆえに、*馬鳴(めみょう)大士の教えに従わざるをえない。言葉から入って言葉を離れ、意識から入って意識を離れると説かれているのに従って、存在の真相にいたるのである。〈略抄〉

報土について思いをめぐらせば、これは阿弥陀仏の誓願の海を原因とし、誓願に報いた結果として生まれた浄土である。それゆえに「報土」と言うのである。ところで誓願の海については、真実の誓願と仮(け)の誓願がある。それゆえに仏土についても、真実の仏土と仮の仏土とがある。阿弥陀仏は、第十八の*選択(せんじゃく)本願をまさしく原因として「真仏土」を成就したもうた。

「真仏」というのは、『大無量寿経』には「無辺光仏・無礙光仏」とのたまわれている。また「諸仏のなかの王である。光明のなかの最も尊ぶべきものである」とのたまわれている。〈以上〉

『浄土論』には、「帰命尽十方(きみょうじんじっぽう)無礙光如来」と仰せられている。

「真仏土」というのは、『大無量寿経』には「無量光明土」とのたまわれている。あるいは「諸智土（もろもろの智慧に満ちる国土）とのたまわれている。〈以上〉『浄土論』には、「限りがなく虚空のようである。広大であって際限がない」と仰せられている。

「往生」というのは、『大無量寿経』には「そこに生まれたものはみな、あらゆる意識と相かたちを離れた広大無限なる絶対空（自然虚無之身無極之体）となる」とのたまわれている。『浄土論』には、「如来に帰依する清らかな華のような弟子たちは、正覚の華より化生する」と仰せられている。また「同一に念仏して別の仏道がないゆえに」と仰せられている。〈以上〉

先に「難思議往生」（思議を絶した往生）と言ったのは、これである。

仮の仏土については、以下の文類によって知られたい。真の仏土と仮の仏土とは、すべてこれ、すでに弥陀の大悲の誓願の海の果報として創り出されているものである。

以上でもって、真の仏土であれ、仮の仏土であれ、いずれも弥陀の誓願の果報として創り出されたものであることが知られる。私たちが、仮の仏土に往生する原因としておこなう修行や善行は、まことに千差万別である。それゆえに、仮の仏土もまた千差万別である。これを総称して「方便化身化土（けしんけど）」と名づける。私たちは真と仮の区別を知らないゆえに、如来の広大なる恩徳を迷って失なってしまうのである。それゆえに私は今、真仏と真の報仏土とを顕（あら）わした。これがすなわち、真宗（真実の教え）の正しい意味である。釈尊が説かれた経典や、それについて論じられた祖師たちの正しい教えや、浄土の宗師たちの解釈の意味を、仰いで敬信するべきである。とくに奉持（ぶじ）するべきである。よく知るべきである。

顕浄土真仏土文類五（浄土の真の仏土をあきらかにする文類）

顕浄土方便化身土文類

（けんじょうどほうべんけしんどもんるい）

顕浄土方便化身土文類六本

愚禿釈親鸞が集める

第十九の至心発願の願〈これは邪まなる往生の器のためのものであって、*雙樹林下往生とも言い、『観無量寿経』のこころをあらわしている〉

第二十の至心廻向の願〈これは往生が定まっておらぬ器のためのものであって、*難思往生とも言い、『阿弥陀経』のこころをあらわしている〉

つつしんで化身土の意味をあらわすと、この化土（仮の浄土）をつくりたもうたみ仏は、『観無量寿経』に説かれてあるような*真身観の仏である。化土とは『観無量寿経』に説かれてある浄土のことである。これはまた、『*菩薩処胎経』などに説かれてある*懈慢界のことである。また、『大無量寿経』に説かれてある*疑城・胎宮がこれである。

ところで、濁世に生きる群萠や悪に穢れた衆生が、*九十五種の邪道を捨てて仏道に帰依し、小乗（半字教）や大乗（満字教）や、真実の教えに入るための手掛りとなる教え（権教）や、真実の教え（実教）などのさまざまな法門に入るとしても、真実の仏道を獲得することははなはだ困難である。真実の悟りにいたるものははなはだまれである。虚偽なる教えに帰依して、虚偽なる境地に到達するものがはなはだ多い。

それゆえに釈迦牟尼仏は、ひとまず通常の福徳を説く仮りの教えを『観無量寿経』にお説きになり、それを通じて真実の教えに人びとを誘い導こうとされたのであった。阿弥陀仏おんみずからが、迷える一切衆生を救わんがために、この方便の誓願を起こしておられるのである。方便のための如来の悲願がすでに存在しているのであって、その第十九願を、「種々の善行功徳を修めたものを浄土へ往生せしめたもう願（修諸功徳の願）」と名づけ、また「浄土へ往生するものの臨終に現われ、迎えたもう願（臨終現前の願）」と名づける。また「浄土へ往生するものの臨終に現われ浄土へと導き往生させたもう願（現前導生の願）」と名づける。また「来たり迎えて浄土へ導きたもう願（来迎引接の願）」と名づける。また「まごころから往生を願うものを往生せしめたもう願（至心発願の願）」と名づけることができる。

『大無量寿経』に第十九願は、つぎのようにのたまわれている。

たとえ私が仏になることができるとしても、全宇宙の衆生が菩提心をおこしてもろもろの功徳を修め、至心に発願して私が造った国に生まれようと欲するとしよう。もしもそのものの命の終りに臨んで、もし私が大衆と群れつどうてその人の前に現われることがなければ、私は仏にならない。

また『*悲華経』の「大施品」には、つぎのように説かれている。

願わくば、私が阿耨多羅三藐三菩提を成就しおえたときに、他の無数の諸仏世界に住む衆生が、もし同じ菩提心をおこして、もろもろの善根を修めて私が造った国に生まれようと思えば、その人の臨終のときに、私はまさに大衆と群れつどうてその人の前に現われよう。その人は私を見て、すなわち私を前にして心に歓喜を得よう。私を見たがゆえに、もろもろの障害を離れて、ただちに身を捨てて私が造った国に来生せしめよう。

〈以上〉

この第十九願が成就したことを証明する文章は、すなわち『大無量寿経』に説かれてある、*三輩往生の文である。また『観無量寿経』に説かれてある*定散九品の文である。

また『大無量寿経』には、つぎのようにのたまわれている。

また無量寿仏が、その下で悟りを得られた道場樹の高さは四百万里である。その根元の周囲は五十*由旬である。枝葉は四方に広がって二十万里に及んでいる。ありとあらゆる宝が自然に合わさってできている樹木であり、*月光摩尼や*持海輪宝という宝石の王なるものが、この木を荘厳している。〈中略〉

阿難よ、かの国に往生した人間や天人がこの樹を見れば、三種類の法忍を得るであろう。一つには仏の教えを聞いて得る悟り（音響忍）、二つにはみずから思惟して法に順じて得る悟り（柔順忍）、三つには有無や生滅を離れて、即座に真実の法にいたる悟り（無生法忍）である。これはすべて無量寿仏の威神力によるものであり、本願力によるものである。なぜならば、阿弥陀仏の本願は、あらゆる願を欠ける所なくそなえた願（満足願）であるゆえであり、嘘のない明瞭なる願（明了願）であるゆえであり、あらゆる煩悩にも悪魔の誘惑にもまどわない願（堅固願）であるゆえであり、いかなる苦しみにも打ち克って完遂せしめられる願（究竟願）であるゆえである。〈中略〉

また講堂や精舎や宮殿や楼観も、すべてが七種類の宝でもって荘厳され、自然にできあがっている。また真珠や明月摩尼やその他もろもろの宝石が、玉簾（たますだれ）となってそれらの建物を覆っている。それらの建物の内外や左右に、さまざまな水浴用の池があって、大きさは十由旬から二十、三十ないしは百千由旬のものもある。広さや深さや浅さも均斉がとれていて、*八種の功徳をそなえた水がたたえられ、清らかであって香気にみち、味は甘露のようである。

　また、つぎのようにものたまわれている。

浄土に*胎生（たいしょう）したものが住む宮殿の広さは、あるものは百由旬であり、あるものは五百由旬である。胎生したものたちはおのおのがそのなかに住んで、*忉利天（とうりてん）に生まれたと同様の快楽を思いどおりに味わう。

　そのように説かれたときに、*弥勒菩薩は、

「世尊よ、どういう因縁があって、浄土に生まれる人びとのなかに、胎生とか*化生とかの区別があるのでしょうか」

と訊ねて申しあげた。仏は弥勒に、つぎのように告げたもうた。

「もし衆生があって、弥陀の本願に疑惑の心をいだき、もろもろの功徳を修めて、かの浄土に生まれようと願うとしよう。そのものは仏の悟りの智慧、すなわち人間の智慧では思い及ばない智慧（不思議智）や、はかり知ることのできない智慧（不可称智）や、広く

一切を知り尽した智慧（大乗広智）や、並ぶものなくこの上もなく勝れた智慧（無等無倫最上勝智）を悟ることなく、これらのもろもろの智慧を疑惑して信じていない。仏智を疑いつつも、善悪の果報は信じ、善行を修めてかの浄土に生まれようと願うのである。このような衆生は、いま説いた宮殿のなかに生まれて五百年間、ついに阿弥陀仏を見ることなく、教えを聞くこともなく、菩薩や声聞などの聖衆と会うこともない。このように宮殿に閉じこめられているのは、あたかも母の胎内に居るようである。それゆえにこのものたちを、かの浄土においては胎生のものと言うのである。〈中略〉弥勒よ、まさに知るべきである。真実報土に化生するものは、智慧が勝れているゆえである。胎生に生まれるものは、すべてが智慧をそなえていない」〈中略〉

仏は弥勒につぎのように告げたもうた。

「この胎生のものたちは、たとえば*転輪聖王（てんりんじょうおう）の次のようなことと同じである。その王のもとに七種類の宝でつくられた牢獄がある。さまざまに荘厳され、寝台や垂れ幕がそなえられ、幕や幡（はた）がかかっている。もし、もろもろの王子たちが王に対して罪を犯せば、この牢獄に入れられて金の鎖でつながれるのである」〈中略〉

仏は弥勒に、つぎのように告げたもうた。

「胎生に生まれる衆生も、その王子たちと同様である。このものたちは、仏智を疑うがゆえに胎生に生まれるのである。〈中略〉もしもその衆生がこの根本の罪を知れば、みずから深く後悔自責し、この胎宮から出ることを求めるであろう。〈中略〉弥勒よ、まさに知るべきである。菩薩が仏智に疑いをいだけば、真実報土に生まれるという大いなる利益を失なうのである」〈以上抄出〉

『無量寿如来会』には、つぎのようにのたまわれている。

仏は弥勒に、つぎのように告げたもうた。

「もし衆生があって、本願を疑うがゆえに善行を積み重ね、その果報でもって仏智を、すなわち、一切にあまねくゆきわたる智慧（普遍智）や、人間の智慧では思い及ばない智慧（不思議智）や、並ぶもののなきすぐれた智慧（無等智）や、大いなる徳をそなえた智慧（威徳智）や、広く一切を知る智慧（広大智）を希求するとしよう。そのものは、みずからの善行によって真実の往生ができると思いこんでいるゆえに、本願を信じる心が生じない。その因縁によって五百年間、閉ざされた宮殿のなかに住まなければならないのである。〈中略〉弥勒よ、そなたが勝れた智慧をそなえたものたちを観れば、そのものたちは阿弥陀仏の広大なる智慧の力によって、かの蓮華のなかに化生して、*結跏趺座（けっかふざ）している姿をみることができるであろう。また、そなたが下劣なるものたちを観れば、〈中略〉そのものたちはもろもろの功徳を修めることができず、*無量寿仏に会うこともできないゆえに、お仕えすることもできない。胎宮に住むこれらのものたちは、すべて生前の昔に、疑いや悔恨をいだいたという因縁によっている」〈中略〉

仏は弥勒に、つぎのように告げたもうた。

「まさにこのようである。もしも疑いや悔恨に支配されて、もろもろの善行を修めて仏智ないしは広大智を希求するとすれば、そのものたちはみずからの善行を自負するがゆえに、阿弥陀仏の本願を信じる心が生じない。そのものたちも、阿弥陀仏のみ名を聞くことにより、信心を起こしたことによって浄土に生まれることはできる。しかし、閉ざされた蓮華のなかに生まれて外へ出ることはできない。そのものたちが花の蕾のなかにいるのは、庭園や宮殿のなかにいて、広びろとした所に行けないことにひとしい」〈抄要〉

『大無量寿経』には、つぎのようにのたまわれている。

ささやかな行を修める菩薩たちや、わずかな功徳しか積めないものたちは無数にいる。彼らも往生することはできるであろう。

また『無量寿如来会』には、つぎのようにのたまわれている。

いわんや雑行の菩薩や少しの善行を積んだもので、かの浄土に生まれるものは数えきれぬほど多い。〈以上〉

光明寺の善導和尚の『観経疏』の「定善義」には、つぎのように説かれている。

浄土に往生したものの中で、あるものは花の蕾に閉ざされていまだ出ることはなく、あるものは*辺地に生まれ、あるものは胎宮に堕ちている。〈以上〉

憬興師(きょうごうし)の『述文賛』には、つぎのように説かれている。

仏智を疑うものは、かの浄土に生まれても辺地に住み、如来のみちびきにあずかることはない。もしも胎宮に生まれれば、疑惑を厳に捨てるべきである。

首楞厳院(しゅりょうごんいん)の*源信和尚の『往生要集』には、善導和尚の弟子*懐感禅師の『釈浄土群疑論』を引用して、つぎのように説かれている。

問う。『菩薩処胎経(しょたいきょう)』の第二巻に、「この閻浮提を西方に離れて、十二億那由他のかなたに*懈慢界がある。〈中略〉阿弥陀仏の国土に生まれようと発願するもののすべてが、深くこの懈慢国土に執着して、そこに止まってしまい、彼方にすすんで阿弥陀仏の国土に生まれることができない。億千万の衆生のなかにあって、時に一人がよく阿弥陀仏の国土に生まれる」と説かれている。この経でもって往生の困難を思えば、本当に往生できるのであろうか。

答う。『釈浄土群疑論』には善導和尚の*先の文を引用してこの難問を解釈し、さらにみずから補足してつぎのように説いている。「この『菩薩処胎経』の直後の文章には、〃なんとなれば、すべてのものが怠惰で傲慢であるゆえに往生への願いが強固ではなく、それゆえに懈慢界にとどまるのである〃とある。これでもって知られる。念仏以外の行を修めるものを、往生への願いが強固ではないと言うのである。それゆえに懈慢界に生まれるのである。雑行を修めずもっぱら念仏行を修めるものを、往生の願いが強固であるものとし、そのものが必ず極楽に生まれるのである。〈中略〉また、真実の報土に生まれるものはきわめて少ない。化土の浄土に生まれるものは少なくない。それゆえに、それぞれの『経』にことなった教えが説いてあるように思われるが、実はなんらの相違もない」〈以上略出〉

　首楞厳院の源信和尚のおん解釈の意味を思えば、『往生要集』の第八「念仏証拠門」のなかに、第十八の本願は特別の誓願のなかでも、さらに特別のものであると明らかにしておられる。『観無量寿経』に説かれてある定善や散善の行ないにいそしむものたちに、「そなたらは極重の悪人であるゆえに、ただ弥陀の名をとなえよ」とすすめはげましておられるのである。濁悪なる世界に生きる僧侶も俗人も、よくよく自分の能力の限界をみずからかえりみよ、ということである。よく知るべきである。

　問う。浄土教の根本の経典である『大無量寿経』に説かれてある三心*と、方便の経典である『観無量寿経』に説かれてある三心とのあいだには、どういう異同があるのであろう。

答う。善導和尚の解釈にしたがって『観無量寿経』の意味を考えれば、この経典には、顕と彰隠密との意味がある。ここで「顕」というのは、『観無量寿経』に顕らかにされている教えである。すなわち定善や散善のもろもろの善を明らかにし、上中下の、三種の行者たちの三種の自力の信心の意味を明らかにしたものである。しかしながら、ここに説かれてある二種類の善(定善・散善)や三種類*の福徳などは、私たちが真実報土に往生するための、真実の原因ではない。『観無量寿経』に説かれてある至誠心、深心、廻向発願心の三心は、私たち人間の自力の心であって、仏が私たちを救いたまおうとする他力の一心ではない。『観無量寿経』の三心は、釈迦如来がお説きになった、特別にすぐれた真実の教えに導くための手だて(方便)であって、浄土を求めさせようとするための善行である。これが『観無量寿経』の意味である。これがすなわち『観無量寿経』の「顕」の意味である。

いっぽう「彰」というのは、『観無量寿経』の裏に隠された真意である。それは、釈迦如来がこの経典において、阿弥陀仏の弘大なる誓願をあらわし、弥陀の他力によって与えられた一心を展開して説き述べておられることを言うのである。提婆達多や阿闍世*の悪行を物語ることによって、釈迦如来がこの世に出現したもうた本意が、悪人を救うために弥陀の本願を説くことであったことを明らかにしておられるのである。韋提希夫人があまたの仏国土のなかから、極楽浄土をえらんで往生を求めた、その正しい意思を説いて、阿弥陀仏の大悲の本願を明らかにしておられるのである。これがすなわち『観無量寿経』の隠された真意（隠彰の義）である。

それゆえに『観無量寿経』には、「私（韋提希夫人）に清浄な世界を観察する方法を教えてください」とのたまわれている。この「清浄な世界」というのは、顕の意味では諸仏の浄土である。しかし隠彰の真意では、弥陀の本願によって成就された真実報土のことである。夫人がまた、「私に思惟することを教えたまえ」と言っているのは、顕の意味では定善十三観を修する前の方便である。しかし隠彰の真意では、真実弘願（本願）に導くための方便、つまり定散二善そのものをさす。「私に正しく受け取ることを教えたまえ」と言っているのは、顕の意味では定善十三観の正しい行を受け取ることである。しかし隠彰の真意では、弥陀の金剛の真実信心を受け取ることである。「かの国の清浄な行ないによって成就したものを明らかに観よ」と釈尊がのたまわれているのは、顕の意味では仏と浄土とを観ることである。しかし、隠彰の真意では、「本願によって成就された尽十方無礙光如来を明らかに観よ」ということである。また「広くもろもろのたとえを説こう」とのたまわれているのは、顕の意味では定善十三観そのものである。しかし隠彰の真意では、弘*願に導く方便としての定善十三観のことである。「なんじは凡夫であって、心は弱く思想も劣っている」と夫人にのたまわれているのは、顕の意味では、定善十三観が修行できない者ということである。しかし隠彰の真意では、悪人こそが極楽浄土に往生する器であることをあらわしている。「もろもろの仏如来には、さまざまにすぐれた方便がある」とのたまわれているのは、顕の意味では、浄土を観想するための方便が定善十三観である。しかし隠彰の真意では、定散二善が弘願（本願）に導くための方便の教えであることをあらわしているのである。「仏の力をもってするゆえに、かの国土を見ることができる」とのたまわれているのは、顕の意味では、釈迦の仏力の助けによって浄土を観想することである。しかし隠彰の真意では、弥陀の仏力によって浄土へ往生し、浄土を見ることである。「仏滅後のもろもろの衆生が」とのたまわれているのは、顕の意味では、仏に直接教えを受けられない者が、どうすれば浄土を観想できるかということである。しかし隠彰の真意では、教えが仏滅後の者のために説かれることをあらわしているのである。「もしも教えに一致すれば、観想できたものが経説に合致すれば、大まかな観ができたということである。しかし隠彰の真意では、定善十三観が成就しがたいものであることをあらわしているのである。「このままの身において念仏三昧を得る」とのたまわれているのは、顕の意味では、定善を成し遂げれば無量の罪を除く念仏三昧の利益が得られるということである。しかし隠彰の真意では、定善によってただちに念仏三昧を得ることができないことを明らかにしている。すなわち、*観察門をもって方便の教えとしておられるのである。『観無量寿経』にはまた、「三種の心を起こしてただちに往生する（即便往生）」とのたまわれ、「また三種類の衆生があって、これらのものはまさに往生を得る（当得往生）」とものたまわれている。これらの文によれば、定善のもの、散善のもの、弘願のものの三種類の衆生に三種類の心があり、また*二種類の往生があることが知られる。

まことにもって知られる。『観無量寿経』には「顕」の教えと、隠密の「彰」の教えとがあるのである。

『大無量寿経』『観無量寿経』の両経に説かれてある三心の異同について説くにあたって、よくよく考えるべきは、両経に説かれてある三心は、「顕」の意味においては異なっているが、「彰」の意味においては同一であるということである。よく知るべきである。

それゆえに光明寺の善導和尚の『観経疏』の「玄義分」には、つぎのように説かれている。

しかるに現世の導主である釈尊は、韋提希夫人が請い求めたゆえに、ひろく*浄土の要門をお開きになった。そして安楽浄土で法を説いておられる阿弥陀仏は、あらゆる衆生を救いたもうための特別の弘願である第十八願をおたてになり、すでに成就されたことを明らかにしたもうたのである。ここで要門というのは、『観無量寿経』に説かれてある定・散の二門のことである。「定」とは、思慮をやめて心を集中することである。「散」とは、悪を廃して善を修めることである。この二つの行を往生浄土の行として、人間の側から阿弥陀仏に廻向することによって往生を求願（ぐがん）せよ、ということである。これにたいし「弘願」というのは、『大無量寿経』に説かれてあるとおりであると言われる。

また、「玄義分」にはつぎのようにのたまわれている。

この『観無量寿経』の旨とするところは*観仏三昧である。また*念仏三昧でもある。いずれも、一心に願いを向けて浄土に往生することを眼目としている。この教えが大乗・小乗のいずれに属するかといえば、「問う。この『経』は菩薩蔵（大乗）と声聞蔵（小乗）のいずれにふくまれるか。またしだいしだいに悟りにいたる教え（漸教）と、瞬時に悟りにいたる教え（頓教）のいずれにおさめられるか」「答う。菩薩蔵にふくまれ頓教におさめられる」

また、『観経疏』の「序分義」にはつぎのように説かれている。

また『観無量寿経』の初めの「如是」というのは教法を指しており、定・散の二門のことである。如是の「是」というのは、定めるということである。私たちが定・散の二行を行なえば必ず利益があるということであり、如来がお説きになったみ言葉に嘘いつわりがないことを明らかにしている。それゆえに「如是」と名づけるのである。また「如」というのは、衆生の心のままに、ということである。衆生の心の願いのとおりに仏が済度したもう、ということである。救われるべき衆生と、救うべき教えとが相応していることを「是」と言う。それゆえに、「如是」と言うのである。

また「如是」というのは、釈迦如来の説きたもうところを明らかにしようとしている。漸教を説くには漸教にふさわしく、頓教を説くには頓教にふさわしく、存在の形態を説くにはそれにふさわしく、存在の真相の空を説くにはそれにふさわしく、人間に生まれるべき因縁を説くにはそれにふさわしく、天人に生まれるべき因縁を説くにはそれにふさわしく、小乗を説くにはそれにふさわしく、大乗を説くにはそれにふさわしく、凡人について説くにはそれにふさわしく、聖人について説くにはそれにふさわしく、原因について説くにはそれにふさわしく、結果について説くにはそれにふさわしく、苦について説くにはそれにふさわしく、楽について説くにはそれにふさわしく、遠について説くにはそれにふさわしく、近について説くにはそれにふさわしく、同一について説くにはそれにふさわしく、区別について説くにはそれにふさわしく、浄について説くにはそれにふさわしく、穢について説くにはそれにふさわしく、一切の法を説くにあたって千差万別である。釈迦如来は千差万別の衆生の器量を明らかに見そなわしておられて、意のままに救済の行を行ない、相手にふさわしい千差万別の手段を講じて済度したもう。その行ないの結果（業果）はつねに真理にしたがっていて（法然）、すべてにわたって誤まることがない。それゆえに「是」と称し、それゆえにまた「如是」と言うのである。

また、「序分義」にはつぎのように説かれている。

「かの国に生まれんと欲するものは」から「清浄の行ないと名づける」にいたるまでの文章は、まさに世福・戒福・行福の三種の善行を修めるようすすめていることを明らかにしている。これは一切衆生の器に、二種類があることを明らかにしている。一つには定善行を行なうことのできるもの、二つには散善行を行なうことができるものである。もし、すべての衆生が定善行を行なうべきであるとすれば、すべての衆生を浄土に摂取できない。それゆえに如来は方便を講じて三種の善行を衆生に示して、心を統一できないものたちをも摂取しようと志されたのである。

また、『観経疏』の「散善義」にはつぎのように説かれている。

また、真実ということにも二種類がある。一つには自力の真実、二つには他力の真実である。

自力の真実というのは、また二種類がある。一つには、おのれが真実心をいだいて、自他の悪や穢土を捨てる時は、一切の菩薩が諸悪を捨てたもうたように、自分もまたそのようにしようと思え、ということである。

二つにはおのれが真実心をいだいて、自他および凡人聖者のあらゆる善行につとめよ、ということである。おのれが真実心をいだいて、口でする行としては、かの阿弥陀仏および、浄土と諸菩薩を讃嘆せよ、ということである。またおのれが真実心をいだいて、口でする行としては、迷いの世界に流転する自分や他人とその世界の苦を嫌い、すべての者の善行をたたえよ、善行でないものはつつしんでこれを遠ざかれ、喜んではならぬ、ということである。また、おのれが真実心をいだいて、体でする行としては、合掌し礼拝し、食事、衣服、寝具、湯薬などでもって、かの阿弥陀仏および、浄土と諸菩薩とを供養したてまつれ、ということである。また、おのれが真実心をいだいて、体でする行としては、この迷いの世界に住む自分や他人や、環境のすべてを軽んじて厭い捨てよ、ということである。また、おのれが真実心をいだいて、心でする行としては、かの阿弥陀仏および浄土と、諸菩薩とについて思いをいたし、観察し憶念して目の前におわしますかのようにせよ、ということである。また、おのれが真実心をいだいて、心でする行としては、この迷いの世界に住む自分や他人や、環境のすべてを軽んじいやしめ、厭い捨てよ、ということである。〈中略〉

また、釈迦牟尼仏はこの『観無量寿経』に三福、九品、定・散二善を説いて、かの阿弥陀仏とその浄土を証明し讃嘆し、人びとに往生を希求させようとされたのであると、深く信じることである。〈中略〉

また、「深心とは深く信じることである」というのは、心を決めて教えに従って修行し、疑いを永久に捨てて、一切の大乗仏教の中の本来の教えと異なる解釈や、異なる修行や、大乗仏教以外の教えを学ぶものや、大乗仏教以外の見解をいだくものや、大乗仏教以外の救いに執着するものによって退転したり、動揺しないことを言うのである。

〈中略〉

次に「この修行によって必ず悟りがひらけると信じること」と言うとき、修行には二種類がある。一つには正行、二つには*雑行である。正行と言うのは、もっぱら『大無量寿経』『観無量寿経』『阿弥陀経』に説かれてある行に従って行じることを、正行と名づけるのである。それは何かと言えば、この『観無量寿経』『阿弥陀経』『大無量寿経』

を、専一に一心に読誦することである。また一心にかの国の依正二報、すなわち阿弥陀仏の仏身（正報）と、仏国土（依報）の荘厳に心を集中して、それを思想し、観察し、憶いつづけるのである。礼拝行を行なう場合にも、一心にこのみ仏のみを礼拝するのである。口にみ名をとなえる場合にも、一心にこのみ仏のみ名のみをとなえるべきである。讃嘆供養する場合にも、一心にこのみ仏のみを讃嘆供養するのである。これを正行と名づける。

また、この正行についても二種類がある。一つには、一心に弥陀の名号をもっぱら念じて、何をしていようとも、どんな時にでもとなえつづけて捨てないことを、正定の業（往生することが正しく定まる行）と名づける。何故ならば、名号をとなえることはかの第十八願の心に順っているゆえである。礼拝や経典の読誦などの行は助業（傍らの行）と名づける。この正と助の、二つの修行以外のもろもろの善行は、すべて雑行と名づけるのである。前者の正・助の二行を修めれば、心はつねに阿弥陀仏に親近していて、思いが絶えることがない。これを「間断がない」と名づける。しかし後者の雑行を行なえば、心にはつねに間断が生じる。それゆえに、それによって往生できるとしても、すべてを疎遠なる雑行と名づける。それゆえに、「深心」と名づけるのである。

三心の第三は廻向発願心である。廻向発願心というのは、自分が過去世および現在の生において、体と口と心の三つで修めた世俗の善行や成仏のための善行と、他の一切の凡人や聖人が体と口と心によって修めた世俗の善行や成仏のための*善行を喜び（随喜）、これらの自分や他人が修めたすべての善行を、真実の深い信心をもって阿弥陀仏に廻向し、かの国に往生しようと願うことである。それゆえに「廻向発願心」と名づけるのである。

　また、『観経疏』の「序分義」にはつぎのように説かれている。

定善は、阿弥陀仏の本願を知る手がかりである。

　また、つぎのようにも説かれている。

散善は、念仏行を明らかにする手がかりである。

　また、『観経疏』の「散善義」にはつぎのように説かれている。

浄土に往生するための重要な教えである要門に会うことはむつかしい。〈抄出〉

　また、*『往生礼讃』にはつぎのように説かれている。

『観無量寿経』に説かれてあるように、まず三種の心をそなえれば必ず往生できるのである。三種の心とは何かと言えば、一つには至誠心である。身体の行ないにおいてはかの仏を礼拝し、口の行ないにおいてはかの仏を讃嘆し称揚し、心の行ないにおいてはかの仏を専念に観想するのである。この三つの行を行なう場合に、必ず真実の心でするゆえに「至誠心」と名づける。〈中略〉三つには廻向発願心である。自分が行なう善行のすべてを廻向して往生を願うゆえに「廻向発願心」と名づける。この三心をそなえれば、必ず生まれることができる。一心でも欠ければ、生まれることはできない。『観無量寿経』にくわしく説かれてあるとおりである。よく知るべきである。〈中略〉

また菩薩はすでに生死輪廻を離れていて、自分が行なう善行を廻向して仏となる果報を求めている。これはすなわち、自分の悟り（自利）を求めているのである。菩薩はまた、永久に衆生を教化しようと志している。これはすなわち、すべてのものを悟らせようとしている（利他）のである。いっぽう今日の衆生は、すべてが煩悩に繋縛されていて、悪道に堕ちたり、生死を輪廻したりする苦しみをまぬがれてはいない。それゆえに菩薩の修行を模倣できない。一般の衆生はただ、縁にしたがって修行を志し、一切の善行を廻向して阿弥陀仏国に往生しようと願えばよい。そしてかの浄土に到達し終えれば、もはや恐怖することは何もない。上に述べた四種*の修行を自然に修めることができて、菩薩の自利と利他とが身にそなわらないことがない。よく知るべきである。

また、『往生礼讃』にはつぎのように説かれている。

もしも正定の業である称名念仏に専念することをやめて、雑業（専修念仏以外のすべての修行）を修めようとすれば、百人のうちに稀れに一人か二人、千人のうちに稀れに三人か五人が往生できるだけである。何ゆえかといえば、そのときはさまざまな縁に動揺させられて、正しい思いを失なうゆえである。弥陀の本願と相応しないゆえである。釈尊の教えと相違するゆえである。全宇宙のみ仏たちの教えに順わないゆえである。浄土への憶いが持続しないゆえである。阿弥陀仏を想うことが間断するゆえである。廻向発願心が真実でなくなるゆえである。貪りや瞋りやもろもろの邪見などの煩悩が生じて、心の統一を妨げるゆえである。慚愧・懺悔の心がなくなるゆえである。懺悔には三種類がある。

〈中略〉

すなわち上中下の三品であって、上品の懺悔とは、体の毛穴から血を流し、まなこから血涙を出すものを上品の懺悔と名づける。中品の懺悔とは、全身の毛穴から熱い汗が出、まなこから血涙が流れるのを中品の懺悔と名づける。下品の懺悔とは、全身が熱くなって、まなこから涙が流れ出るのを下品の懺悔と名づけるのである。これらの三品に相違があるとはいえ、いずれも久しく解脱のための善行を積んだ人の懺悔である。今の世に生をうけて仏法をうやまい、僧を重んじ、身命をおしまず、わずかな罪行をも懺悔すれば、ただちに心の髄にとおる。よくそのように懺悔すれば、時間の長短は問題ではない。身にそなえた往生のための重い障害はすべて、たちまち滅尽するにいたる。そのような懺悔を行なわないものは、たとえ昼夜を通じて、滅罪をあわただしく求めたところで何の利益もない。ましてや懺悔を願おうとしないものの結果は自明である。落涙や

流血にいたる懺悔ができないとしても、真実信心がよく徹底しているものは、右の三品の懺悔を行なっているに等しい。〈以上〉

また、『*観念法門』にはつぎのように説かれている。

阿弥陀仏が、専修念仏以外の雑業の行者を、光明で照らして摂取したもうとは説かれていない。

また『法事讃』には、つぎのように讃えられている。

釈迦牟尼仏は五濁の世に出現したまい
衆生の器量に応じて方便を用いて教化したもう
あるときにはあまたの教えを聞けば悟りを得ると説きたまい
あるときはいささか法を会得するだけで仏の*三種の智慧を得ると説きたもうた
あるときは福と智慧とをあわせて煩悩の障害を除くと教えたまい
あるときは禅にしたがい打坐して思慮せよと教えたもう
もろもろの法門のすべてが解脱にいたる

また『*般舟讃』には、つぎのように讃えられている。

万劫にわたって修行しつづけることは至難である

一時においても煩悩が百度も千度も妨げる、ましてや万劫の修行の間においておや
しかもなお現世において悟りを得ようとすれば
永久に六道をさまよいつづけてもなお難しい
もろもろの聖道門を漸経と名づける
この教えによるならば、万劫にわたる苦行のはてに悟りを開くのみである
それゆえに、今の命のあるかぎり念仏のみをとなえつづけよ
命の終わりに臨(のぞ)めば、仏が来迎くだされる
食事をする短いあいだにも煩悩はわきおこる
どうして万劫のあいだ、貪りや瞋りを制止できよう
人間や天人に生まれる道さえも失ない
三悪・四趣の苦しみを受けるばかりである〈抄要〉

　また『般舟讃』には、つぎのように讃えられている。

定散の二善をひるがえして、他力の本願に帰依して浄土にいたれ
本願他力こそ、如来の格別の方便である
念仏によって往生した韋提希夫人は女人であり

貪瞋（とんじん）をそなえる凡夫であった〈以上〉

曇鸞大師の『浄土論註』には、つぎのように説かれている。

功徳の相には二種類がある。一つには、煩悩の心から生じるものであって法にしたがっていない。この世の凡夫や天人の行なうもろもろの善行や、人間や天人が受ける果報は、その原因も結果もすべてがさかしまなものである。これはすべてが虚偽である。それゆえに不実の功徳と名づける。〈以上〉

道綽禅師の『安楽集』には、『大集経』の「月蔵分」のなかの釈尊の言葉を引用してつぎのように説かれている。

「私（釈尊）の滅後、*末法のときにおいては、何億という衆生が仏道修行を行なうとも、一人として悟りを開くにいたるものはない」と。今は末法の世であり、この五濁の悪世においては、浄土の一門のみが悟りへいたりうる道である。

また、つぎのようにも説かれている。

*初地の菩薩をめざして修行をつづけても、一万劫に満たなければ生死の火宅をまぬがれられない。つねに迷妄におちいるゆえに、仏道修行の持続は難しい。修行者の努力は尊重されようと、結果はいつわりの果報しか得られない。〈以上〉

ところで今『大無量寿経』によれば、そこには阿弥陀仏が法蔵菩薩の昔に、真実の本願と、方便の誓願とを起こしたもうたことが説かれている。また『観無量寿経』には、方便の諸行の教えと、真実の本願の教えとが、「顕」と「彰」の意味において明らかにされている。『阿弥陀経』では真門*だけが開かれていて、方便の善についてては説かれていない。それゆえにこの三つの経の真実は、阿弥陀仏が第十八願を選択して、根本の誓願（本願）としたもうたことを中心としているのである。また三つの経の方便の教えは、もろもろの善行を修めることを要旨としているのである。

これによって方便の誓願について考えれば、これには仮の意味と真の意味とがふくまれている。また方便の行と信とがある。この方便の誓願とは、第十九の「臨終現前の願」である。行というのは「もろもろの功徳の善を修める」ということである。信というのは「至心、発願、欲生の三心」である。

この第十九願の行と信とによって、浄土にいたるための肝要なる教え（要門）、すなわち真実の行と信へ入るための、方便権仮の教えが明らかにされているのである。この要門から、正定業・助業・雑行の三つの修行が出てくる。この正定業と助業のなかに、一つのことを専一に修行する（専修）ことと、二つ三つをとりまぜて修行する（雑修）こととがあり、それを修める人間の器量に、定善行を行なうことができるもの（定機）と、散善行を行なうことができるもの（散機）との区別がある。また三心にかんしても二種類がある。往生にかんしても二種類がある。二種の三心というのは、一つは定善を修行する時におこす三心であり、いま一つは散善を修行する時に起こす三心である。この定と散との三心は、いずれも各自がそれぞれに起こす自力の心である。二種の往生とは、一つは即往生であり、いま一つは便往生である。便往生とは、すなわち胎生界や辺地への往生であって、これを雙樹林下の往生と言うのである。即往生とはすなわち、真実報土への往生を言うのである。

しかし、この『観無量寿経』にも真実の教えが説かれている。すなわち釈尊はこの経典においても、阿弥陀仏の金剛の真心を開示して、一切衆生を浄土に収めとりたもう摂取不捨の心をあらわそうとされているのである。それゆえに、濁世に生きる衆生をよく教化したもう釈迦*善逝は、第十八の「至心信楽の願」の心を説き述べられておられるのである。何故ならば、私たちが報土へ往生できる正しい原因が、まさに信楽であるゆえである。それゆえに『大無量寿経』には、「信楽」が説かれてあるのである。如来の誓願を信じて、疑惑が何んらまざっていない心が「信」と言われる。同じ心が『観無量寿経』では、「深心」と説かれている。定善行や散善行を勧めたがるものたちの、浅信と対比して「深」と言われるのである。同じ心がまた『阿弥陀経』では、「一心」と宣われている。念仏以外の行をまじえないゆえに、一心と宣われているのである。また、この「一心」について深と浅との区別がある。「深」というのは、阿弥陀仏が衆生に与えたもう本願を信じる心(利他真実の心)を言うのである。「浅」というのは、定善行や散善行をつとめて、おのれの利益をはかろうとする心を言うのである。

宗師善導和尚のみ心をおもんぱかれば、『観経疏』の「玄義分」に、「釈尊は、千差万別の衆生の心にふさわしい教えを説きたもうた。それゆえ仏道修行には、八万四千をこえる法門がある。ある法門はゆるやかに悟りの境地にいたり、ある法門はすみやかに悟りの境地にいたる。衆生はそれぞれの器量にふさわしい法門をえらぶのであり、いずれの法門をえらぼうと、縁にしたがってすべてのものが解脱を得る」と説かれている。ところで生死輪廻の海に沈みつづけてきた愚かなものには、とても定善心を身につけることはできない。定善心とは、もろもろの配慮を断って心を一つに集中することであるゆえである。凡愚の衆生はまた、散善心を実行することもできない。これは悪を捨てて善を修める心である。しかしながら凡愚の衆生は、悪を捨て切ることができないゆえである。定善行や散善行を行なうことができないものには、西方の浄土を観想して心をそこに集中すること(立相住心)などが、為しとげられるはずがない。それゆえに「定善義」に、「たとえ千年の寿命をもって仏道を学ぶとしても、衆生に真実を見る智慧の眼が、いまだ開けたことがない」と言われるのである。ましてや相（すがた）なき真理そのものを感得し、自分の意識すらも離れる（無相離念）ということが、実現できるはずはない。それゆえに「定善義」に、「如来はご自分の入滅のあと、はるかな末法の世の、罪にけがれた凡夫のことを見通しておられる。彼らは立相住心を得られるものではない。ましてや存在の諸相を超えた真実を求めるのは、神通力なきものが空中において家屋を建てるのと同じである」と言われるのである。

「*門余」という言葉の、門とはすなわち八万四千の仮（け）の法門を言う。余とはすなわち、本願一乗海を言うのである。

　釈尊が生涯にお説きになった教えのなかで、この世に生きているあいだに聖人となり、悟りの果報を得る教えを聖道門と名づける。これは難行道と言われるのである。この法門のなかには、すべての人びとと共に悟りを得ようとする教え（大乗）と、自分ひとりの悟りだけを目指す教え（小乗）とがある。また長年月を要してしだいに悟りにいたる教え（漸教）と、瞬時に悟りにいたる教え（頓教）とがある。またすべての生きものを悟りにいたらしめる教え（一乗）と、声聞と縁覚（えんがく）のための教え（二乗）と、声聞と縁覚と菩薩のための教え（三乗）とがある。また真実へみちびく手だてとしての教え（方便）と、真実の教えとがある。また言葉で明瞭に説かれている教え（顕教）と、言葉の裏に真実の教えが隠されている秘密の教え（密教）とがある。また長い時間自力で修行して悟りにいたる教え（竪出）と、瞬時に悟りにいたる自力修行の教え（竪超）とがある。これらはすなわち自力の法門であって、菩薩が他人を悟りにみちびくための教化の法門である。真実の浄土の教えにみちびくための方便の教えであり、仮の教えである。いっぽう、安養の浄土に入って聖人となり、そこにおいて悟りの果報を得るための教えを浄土門と名づける。易行道と言われるものである。この法門のなかに、本願の力によってしだいに悟りにいたる教え（横出）と、本願の力によって瞬時に悟りを得る教え（横超）とがある。諸行の必要を説く仮の教えと、本願のみへの帰依をすすめる真実の教えとがある。漸教と頓教があり、助業や正定業や雑行があり、雑修と専修があるのである。

ここで正というのは、*五種類の正行をさしている。助業というのは、この五正行のうちの、名号をとなえる（正定業）以外の四種類の行を言うのである。雑行というのは、正定業や助業以外のすべてを雑行と名づけるのである。それは横出であり、漸教であり、定善・散善の三福であり、三輩九品であり、自力の仮の法門を雑行と言うのである。

横超というのは、ひたすら第十八の本願を心にかけて、自力の心を離れることである。専修というのは、ひたすら阿弥陀仏のみ名をとなえて自力の心を離れることである。これを横超他力と名づけるのである。これはすなわち専のなかの専であり、頓のなかの頓であり、真のなかの真であり、あらゆる衆生が等しく悟りを得る教えの中で、真実にだれもが悟りを得る教えである。これが真実の教えである。このことは、すでに真実行について述べたときに説明したとおりである。

雑行と雑修というのは、雑という言葉は一つであるが、意味には相違がある。雑という言葉のなかに、あらゆる仏道修行がふくめられている。五種類の正行に対して五種類の雑行があるのである。成仏へとむかわず、人間や天人や菩薩などへの生まれ変わりを結果するあらゆる行がまざっているゆえに、雑と言うのである。これは往生の原因となるものではない。聖道門から浄土門へ帰依しながらも、なお、自力の心で廻向しようとする善行である。それゆえに往生浄土のための雑行であると言うのである。また、雑行のなかには専行や専心があり、雑行や雑心（ざっしん）がある。専行とは、もっぱら一つの善行を行なうことであり、それゆえに専行と言うのである。専心とは、もっぱら廻向するゆえに専心と言うのである。雑行・雑心のうちの雑行とは、もろもろの善行をかねそなえて行なうゆえに雑行と言うのである。雑心とは、定善・散善を行なう心がまざっているゆえに雑心と言うのである。

また、正定業・助業の二つについても、専修と雑修とがある。この雑修にかんしても、専心と雑心とがある。専修にかんしては二種類がある。一つは仏名をとなえることであり、いま一つは五専修である。この修行についても、専心と雑心とがある。まず五専修というのは、一つにはもっぱらなる礼拝、二つにはもっぱらなる読経、三つにはもっぱらなる仏と浄土との観想、四つにはもっぱらなる称名、五つにはもっぱらなる讃嘆である。これを五専修と名づけるのである。専修という言葉は同一であるが、意味には相違があり、定専修と散専修があるのである。専心というのは、もっぱら五種類の正行をつとめて、他心がないことを専心と言うのである。これは定専心であり、散専心でもある。雑修というのは、五正行のすべて、すなわち助業と正定業（称名念仏）とをあわせて修行するゆえに雑修と言うのである。雑心というのは、定善・散善の二種類の心がまざっているゆえに雑心と言うのである。よく知るべきである。

およそ往生浄土のためのあらゆる修行にかんして、道綽和尚は「万行」と仰せられ、善導和尚は「雑行」と名づけておられる。懐感禅師は「諸行」と仰せられ、源信和尚は懐感禅師に依っておられる。源空聖人は善導和尚に依っておられる。経典についての祖師たちの解釈をひもといてみると、雑行のなかに雑行雑心があり、雑行専心があり、専行雑心がある。また正行のなかに専修専心があり、専修雑心があり、雑修雑心があるのであるが、これらはすべて辺地、胎宮、懈慢界に往生する原因にすぎない。それゆえに、たとえ極楽浄土に生まれたところで、仏法僧の三宝を見たてまつることがないのである。仏心の光明は、念仏以外の雑業を修めるものたちを照らして受け入れられることがない。第十九の方便の誓願をお立てになったことには、まことに理由がある。

善導和尚は第十九願を、人びとに浄土を願わせ、そして、真実の本願に帰せしめるための方便の願であると解釈したもうた。その解釈が、まことに正しいと明らかに知られる。

『大無量寿経』に説かれてある至心・信楽・欲生の三心と、『観無量寿経』に説かれてある至誠心・深心・廻向発願心の三心とは、顕の意味によれば相違があり、隠彰の意味によれば同一である。この三心の同一性と差異性の意味については、以上でもって答えた。

また、問う。『大無量寿経』と『観無量寿経』に説かれてある三心と、『阿弥陀経』に説かれてある*一心とのあいだには、どのような異同があるのであろうか。

答う。第二十の方便真門の誓願にもとづく行と信とがあるということである。この願はすなわち、「もろもろの善行徳行を修めて往生を願うものを、往生せしめたもう願（植諸徳本の願）」である。これにもとづく修行には二種類があって、一つには阿弥陀仏が行ぜられた善行がすべて収まった行（善本）、二つには阿弥陀仏が得られた功徳がすべて収まった行（徳本）である。信というのはすなわち、「まごころから自身の善行を浄土に廻向し往生しようと願う心（至心廻向欲生）」である。この誓願を信奉する衆生には、定と散の二種類がある。往生というのは、難思往生がこれである。仏というのは、すなわち*化身の仏である。往く浄土は、すなわち疑城・胎宮である。

『観無量寿経』を思いあわせれば、『阿弥陀経』にも「顕彰隠密」の意味がふくまれているはずである。「顕」というのは、この『経』が、衆生がおこなうあらゆる仏道修行が、少善でしかないことをきらっておとしめ、阿弥陀仏の善本・徳本の行である名号を説いて真実の教えを開き示し、みずからのために（自利＝自力）一心不乱に念仏して、難思往生を得よと勧めておられることである。それゆえに『阿弥陀経』には、「念仏は多くの善根があり、多くの功徳があり、多くの福徳をそなえた浄土往生のための因と縁である」と説かれている。善導和尚の『法事讃』には、「九品の人びとはすべて念仏を廻向して不退の位を得よ」と言われている。あるいは、

念仏をとなえて西方浄土に往生するより以上のことはない
三度の念仏でも五度の念仏でもみ仏は*来迎したもう

とも言われるのである。これらは、この『経』の「顕」の意味を示しているものである。これが、真門のなかの方便の教えである。

「彰」というのは、この『経』の裏面に説かれてある他力の念仏こそが真実の法であって、難信の教えであることをあらわしているのである。すなわち釈尊は、ここで阿弥陀仏の不可思議の願海を明らかにして、私たちをして、何ものも妨害することのない大信心の海に帰入せしめようと思し召されている。これは全宇宙の、ガンジス河の砂数にもひとしい無数の諸仏のすすめであるとともに、全宇宙の諸仏が真実の信であると証明された信心である。このように、諸仏がこぞって勧め証明したまわなければ、まことに信じることが困難な信心である。それゆえに「甚難（信じることがはなはだむつかしい）」と宣われているのである。善導和尚の『法事讃』には、

弥陀の弘大なる誓願はかさねがさね誓われているゆえに

凡夫が念仏すれば直ちに往生できると言われているのであり、これは『阿弥陀経』の、隠された意味を彰かにしている(隠彰)み言葉である。

『経』には「執持(念仏を固く保持する)」と宣われ、また「一心」と宣われている。「執」とは、心が堅牢であってうつろわないことを言い、「持」とは、散乱したり失なったりしないことを言う。「一」は、無二という意味のみ言葉である。「心」は真実の心を意味する。この『経』は大乗経典にふくまれるものであって、しかも釈尊が、弟子たちから問われずして説きたもうた経(無問自説経)である。それゆえに、釈迦如来がこの世にお出ましになった本意は、まさにこの『阿弥陀経』を説くことにあり、全宇宙の諸仏が『阿弥陀経』の教えの正しさを証明して、念仏するものを護りたもう真意も、この教えが釈尊自説の、真実の教えであることにもとづいている。それゆえにこそ、一切衆生が信頼して依りたのむべき菩薩*たちや、天竺や中国や日本の浄土の宗師たちが、この『経』に隠されてある真実の教えである他力の念仏を開き示して、濁悪の世界に生きる邪偽なる衆生をみちびきたもうのである。

『大無量寿経』『観無量寿経』『阿弥陀経』の大綱には、「顕彰隠密」の意味がある。とはいえ、いずれも信心を明らかにして往生浄土の原因としている。それゆえにこれらの経の初めに、「如是」と言われている。「如是」とはよく信じる相（すがた）である。今、三経の意味をよく考えれば、すべてが、阿弥陀仏が私たちに与えたもう金剛の真心を最重要のものとしている。この真心とは大信心である。大信心とは稀有なるものであり、最も勝れたものであり、妙えなる真実のものであり、清浄なるものである。なんとなれば、大信心海は衆生の力でははなはだ入りがたい。仏力によって、始めて生じているゆえである。しかしながら、自分自身が信じようとする（自力）のではなくて、仏力によって差しむけられている（他力）この信心を拝受すれば、真実の浄土（報土）ははなはだ往きやすい。そのゆえは、阿弥陀仏の願力によって直ちに往生せしめられるゆえである。今、『阿弥陀経』の一心と他の二経の三心との異同について説いてきた。三経ともに、この他力の信心（阿弥陀仏の一心）を説くことを本意としているのである。以上でもって、三経が一心を説くことを本意としていることについて説き終えた。

　濁悪の世界に生きる僧侶も俗人も、すみやかに、徳のかぎりがふくまれている念仏をとなえる道（円修至徳の真門）に入って、難思往生を願うべきである。

　この真門の中の、方便の教えとして善本と徳本があるのである。定専心があり、散専心があり、また定・散の雑心（ざっしん）があるのである。雑心とは、大乗・小乗の教えに帰依する凡人や聖人や一切の善人や悪人が、それぞれに助業と正定業とをあいまじえて勤めようとする心をいだいて「南無阿弥陀仏」ととなえることである。この名号は、すみやかに悟りにいたりうる教えである。にもかかわらず、雑心をいだいて念仏を行ずるものたちは、一心になれないために、すみやかに真仏土にいたって悟りを得られない。また念仏は、専心にとなえれば大いなる功徳が得られる。雑念をいだいてとなえるゆえに、大いなる功徳が得られないのである。このようなものの心を雑心と言う。また定・散の専心というのは、善いことをすれば善い結果が得られ、悪いことをすれば悪い結果を受けなければならないという因果の道理を信じる心(罪福信)でもって、本願力を願い求めることである。これは、本願に帰依することが、自分で成し得た功徳であると自己を過信している。それゆえに自力の専心と名づけるのである。善本とは、阿弥陀仏のうるわしきみ名のことである。このうるわしきみ名のなかに、一切の善が円満してそなわっている。一切の善行の根本である。それゆえに善本と言うのである。徳本というのは、阿弥陀仏の徳のそなわる名号である。この徳号を一度となえるだけで、念仏者には最高の徳がみち、もろもろのわざわいが転じられる。全宇宙の過去・現在・未来の一切諸仏の徳号の根本である。それゆえに徳本と言うのである。

それゆえにこそ釈迦牟尼仏は、あらゆる功徳がふくまれている阿弥陀仏の名号の意義を説いて、全宇宙の濁世に生きる衆生にすすめたもうたのである。阿弥陀仏は第二十の、「真門に帰依したものは必ず第十八の、真実弘願たる本願へと導き、真実報土へ往生させずにはおかないという願（果遂の誓願）」を起こして、あらゆる衆生を大悲をもってみちびこうとしたもうたのである。

すでにして仏に悲願がおわします。これを、「もろもろの善行徳行を修めて往生を願うものを往生せしめたもう願（植諸徳本の願）」と名づける。また「浄土に往生したいと思いをかけるものを必ず往生せしめたもう願（係念定生の願）」と名づける。また「真門に帰依したものは必ず真実弘願へと導き、報土へ往生せしめずにはおかないという願（不果遂者の願）」と名づける。また「まごころから念仏の功徳を浄土へ廻向して往生を願うものを往生せしめたもう願（至心廻向の願）」と名づけることもできる。

それゆえに『大無量寿経』の第二十願には、つぎのようにのたまわれている。

たとえ私が仏になることができるとしても、全宇宙の衆生が私の名号を聞いて、思いを私の造った国にかけ、もろもろの徳の本を植えて、至心に廻向して私の国に生まれようと欲するとしよう。*もしもそのものたちが最後には真実報土へ往生するということが果たし遂げられなければ、私は仏にならない。

またつぎのようにものたまわれている。

仏のもろもろの智慧を疑って信じようとせず、しかもなお善因善果・悪因悪果の因果の道理を信じて善本を習い修め、かの国に生まれようと願うとしよう。かかるもろもろの衆生は、胎宮のなかに生まれてしまう。

また、つぎのようにものたまわれている。

もし人に善本がなければ、この経を聞くことができない。戒律を清浄に保つ人たちが、正しい教えを聞くことができるのである。〈以上〉

『無量寿如来会』には、つぎのようにのたまわれている。

たとえ私が仏になることができるとしても、全宇宙の無数の国土に生まれた衆生たちが、私の名が説かれるのを聞いて、自分の善行を極楽に廻向するとしよう。もしそのものたちが往生できないとすれば、私は仏にならない。〈以上〉

『平等覚経』には、つぎのようにのたまわれている。

その身に前世の功徳のないものは
私がいま説いたすばらしい経の名を聞くことすらできない
過去において清浄に戒を保ったものだけが

いまの世でこの正法を聞いて信じることができるのである
たとえ聞きえたとしても、悪と憍慢と恣意と怠惰なものは
この教えを信じることがむつかしい
しかし、過去世にあって仏に会うという功徳を積んでいるものがいま仏の教えを喜んで、聴聞している
仏の教えを聞くことができる人間に生まれることはまれである
仏が世におわしましてもその教えを聞くことはむつかしい
さらにその教えを信じることはなおむつかしい
もし仏に会い仏の教えを聞くことがあれば精進して求めよ〈以上〉

『観無量寿経』には、つぎのようにのたまわれている。

仏は阿難に、「そなたはよくこの言葉を保つがよい。この言葉を保てというのは、無量寿仏のみ名を保てということである」と告げたもうた。〈以上〉

『阿弥陀経』には、つぎのようにのたまわれている。

人のわずかな善行や福徳を因縁としては、かの国に生まれることができない。生まれるためには、阿弥陀仏についての説法を聞き、名号を固く保持すればよい。〈以上〉

光明寺の善導和尚の『観経疏』の「定善義」には、つぎのように説かれている。

自余のもろもろの修行を善と名づけるとはいえ、念仏とくらべれば、この大いなる善と比肩できない。それゆえにもろもろの経典の諸方で、ひろく念仏の功能が賞められている。『大無量寿経』の四十八願のなかにあるように、「ただ弥陀の名号を、もっぱら念じることによって生まれることができる」と明らかにされている。また『阿弥陀経』のなかにあるように、「一日ないしは七日、弥陀の名号をもっぱら念じることによって浄土に往生できる」と明らかにされており、「全宇宙の無数の諸仏が、誠意をもって証明されたことが虚しいはずがない」と言われるのである。またこの『観無量寿経』の定善・散善についての文章のなかにも、ただ「名号をもっぱら念じることにより生まれることができる」と明らかにされている。例はここにとりあげた一つだけではない。以上でもって、ひろく念仏三昧の意義を明らかにし終えた。

また『観経疏』の「散善義」には、つぎのように説かれている。

『阿弥陀経』のなかで、全宇宙の無数の諸仏が、一切の凡夫に念仏往生の正しいことを証明しておすすめになっている。必ずや生まれることができると説かれていることを、深く信じよ。〈中略〉

諸仏の言行には、あい違(たが)うところがない。たとえば釈迦如来は一切の凡夫に、「わが身をつくして専念専修すれば、命を捨てて後に必ずかの国に生まれる」とすすめておられる。それゆえに全宇宙の諸仏も、ことごとく釈尊と同様に念仏をほめ、ひとしく念仏をすすめ、ひとしく念仏往生の正しさを証明しておられるのである。なんとなれば、み仏はすべてが同体の大慈悲心をそなえておられるゆえである。一体のみ仏が教化し導きたもうところのものは、一切のみ仏の化導でもある。一切のみ仏の化導が、一体のみ仏の化導である。それゆえに『阿弥陀経』のなかに、〈中略〉また一切の凡夫にすすめ、「一日ないしは七日間、一心に弥陀の名号をもっぱら念ずれば、必ず往生できる」と説かれているのである。その次の文には、「全宇宙の諸方にそれぞれ無数の仏がおわしまして、ひとしく釈迦如来をほめ、〃五濁の悪時と、悪世界と、悪衆生と悪煩悩と、悪邪心や無信心なるものが栄えているときに、よく弥陀の名号を示してたたえ、衆生にすすめはげまして念仏をとなえれば、必ず往生できると説きたもうた〃と仰せられている」と説かれている。これが同体の大慈悲の証明である。また、全宇宙の諸仏が、衆生が釈迦一仏の説きたもうところを信じないであろうことをおそれて、同時に心を合わせて、おのおのが舌相を出して、あまねく三千世界を覆い、次のように誠実真実なるみ言葉をもって説きたもうておられる。「汝ら衆生よ、すべてのものがこの釈尊の説きたもうところ、讃えたもうところ、証明したもうところを信じよ。一切の凡夫が身にそなえた罪と福の多少を問わず、時間の長短にも関係なく、百年であろうと、一日であろうと、七日であろうと、一心に弥陀の名号をもっぱら念ずれば、まちがいなく往生を得ることは、必ず疑いがない」と。それゆえに一仏が説きたもうところは、一切の仏が同じくそのことを、誠意をもって証明したもうと断定できる。これを、「人(にん)について信をたてる」と名づけるのである。〈抄要〉

また『観経疏』の「散善義」には、つぎのように説かれている。

ところで仏の誓願の意味をうかがえば、ただ正しい念仏をすすめて、み名をとなえよということである。それによってすみやかに往生できることは、雑善・散善の修行とくらべられるものではない。この『観無量寿経』および、さまざまな経典の諸方でひろくたたえられているように、すべての経典が、み名をとなえることを肝要なる利益としている。よく知るべきである。

また『観経疏』の「散善義」には、つぎのように説かれている。

「仏は阿難に、〝汝よ、よくこの言葉を持(たも)て〟と告げたもうた」から以下の文章は、まさに弥陀の名号を阿難に託して、はるかな後世に伝えようとされたことを明らかにしている。この文章にいたるまでは定善・散善の両門の利益が説かれてきたとはいえ、仏の本願である第十八願の意味を思えば、衆生に、ひたすら専一に阿弥陀仏のみ名をとなえさせようとしておられるのである、また『法事讃』には、つぎのように讃えられている。

極楽は生滅変化を超越した、悟りそのものの世界（無為涅槃界）である

それゆえに、人びとが縁にしたがって行なうさまざまな善行は、おそらく往生の原因となりがたい

それゆえに、如来は肝要なる教えとして弥陀を念じることをえらびたまい

もっぱらのうえにももっぱらなる念仏をすすめておられる。

また『法事讃』には、つぎのように讃えられている

劫*が尽きようとするときには五濁がさかんとなる

衆生は邪見をいだいて、信じることがはなはだむつかしい

もっぱらのうえにももっぱらなる念仏をとなえよと指ししめして

西方浄土に帰依せしめたにもかかわらず

他の教えのために破壊されて

もとのように生死を輪廻する

曠劫の昔よりこのかた、つねにそのようであった

そなたらは今の世に生まれて、初めてみずから悟るのではない

阿弥陀仏のよき強き縁に会わなかったことによって輪廻を重ね
解脱の世界にいたらなかった

　また『法事讃』には、つぎのように讃えられている
もろもろの法門はすべて解脱にいたるとはいえ
念仏して西方浄土へ往くのにまさることはない
上(かみ)は生涯をとおして念仏をとなえるものも、十度、三度、五度の念仏をとなえるものも、仏は来迎したもう
弥陀の弘大なる誓願がかさねがさね誓われているゆえに
凡夫が念仏すればすみやかに往生できる

　また『般舟讃』には、つぎのように讃えられている。
すべての如来が方便の教えを説きたもうのは
今日の釈尊と同様である
聞くものの器量にしたがって法をお説きになり、すべてのものが利益をこうむる
おのおのが縁に従って法を聞き、正しい了解をして真の法門に入れ〈中略〉

仏教の門は多く八万四千ある
まさに衆生の器量が同じでないゆえである
永遠の安住の境地を求めようとすれば、まず肝要な仏道修行を求めて真の法門に入れ

また『往生礼讃』には、つぎのように説かれている。

このごろのもろもろの僧侶や俗人の振舞を見聞すれば、仏教理解のさまも修行のさまも不同であって、専と雑との相違がある。しかし心をもっぱらにして念仏行につとめれば、十人が十人とも往生できる。雑行を修める場合は、念仏にたいする至心が尽されていないゆえに、千人のうちの一人も往生できない。〈以上　*智昇法師の『集諸経礼懺儀』の光明寺の「往生礼讃」からの引用文である〉

*元照律師の『阿弥陀経義疏』には、つぎのように説かれている。

釈尊は、阿弥陀仏のみ名を保持することの功徳が勝れていることを明らかにしようとされる。そこでまず念仏以外の善行をおとしめて、善根が少ないとされた。すなわち布施や持戒、立寺（りゅうじ）や造像、礼拝や読経、座禅や懺悔や苦行、その他一切の福行は、もしも正しい信心がなければ、それらを廻向して浄土を願い求めるとしても、すべて少善であ

って往生の原因とはならない。もしもこの『阿弥陀経』に従って名号を固く保持すれば、必ず往生できる。それによって称名が多善根であり、多福徳であると知られる。

かつて私がこういう会得をしたときに、人びとはなお疑いをいだきつづけていた。近ごろ*襄陽(じょうよう)の石碑に刻まれている『阿弥陀経』の本文が得られて、私が説く道理と符合していることがわかった。人びとは初めて深い信心をいだいたのである。その経文には「善男子、善女人よ、阿弥陀仏について説かれていることを聞いて、一心にして乱れることなくもっぱら名号をとなえよ。称名によってもろもろの罪が消滅する。称名が多功徳であり、多善根であり、多福徳の因縁のゆえである」と説かれている。〈以上〉

孤山にお住まいの智円*和尚の『阿弥陀経疏』には、つぎのように説かれている。「名号を執持する」の、「執」とは受け取ることであり、「持」とは保持することである。信じる力によって名号を執受するのであり、念じる力によって名号を保持して忘れないのである。〈以上〉

『大無量寿経』には、つぎのようにのたまわれている。

如来がこの世にお出ましになる時代に生まれあわせて、見たてまつることはむつかしい。諸仏の経典を了解することも、ただ聞くことさえもむつかしい。菩薩の勝れた教えやもろもろの修行法を、聞くことも得ることもまたむつかしい。善き師（善知識）に会って教えを聞き、よく修行することもまた困難であるとするのである。この『大無量寿経』を聞いて信じ喜び、念仏を受け取って保持することも難中の難であり、これ以上の難事はない。それゆえに私はこの教えを説くにあたって、*このように行ない、*このように説き、*このように教えるのである。私の説くところに信じ従って、教えのとおりに修行せよ。〈以上〉

『涅槃経』には、つぎのようにのたまわれている。

『経』の初めに説いているごとく、「一切の仏道の原因は善知識である。一切の仏道の原因が無数であるとはいえ、善知識について説けば、そこにすべてが尽されている」。また私が説くとおり、「一切の悪行は邪見である。一切の悪行の原因が無数であるとはいえ、邪見について説けば、そこにすべてが尽されている」。また私が説くとおり、「無上の悟りは信心を原因とする。悟りにいたる原因もまた無数であるとはいえ、信心について説けば、そこにすべてが尽されている」。

また、つぎのようにものたまわれている。

善男子よ、信心には二種類がある。一つにはただ信じること、二つには信心をよく考えて会得することである。信があるとはいえ、それを考え会得することができない者は、「信が完全にはそなわっていない(信不具足)」とするのである。信にはまた別の二種類がある。一つには聴聞より生じるものであり、二つには思惟より生じるものである。信心が聴聞より生じているのみで、思惟より生じていない者は、「信が完全にはそなわっていない」とするのである。また別の二種類がある。一つには道があることを信じることである。二つにはその道によって、解脱した人がいることを信じることである。道があることのみを信じていて、解脱した人がいることを信じていない者は、「信が完全にはそなわっていない」と名づけるのである。また別の二種類がある。一つには正を信じ、二つには邪を信じることである。すべての存在が因果の道理によっており、仏法僧の三宝があると信じる。これを「正を信じる」と名づける。*因果がなく三宝の性質が異なっていると主張して、もろもろの邪語や*富闌那などの教えを信じることを「邪を信じる」と名づける。この者は仏法僧の三宝を信じるとはいえ、三宝の本性が同質であることを信じていない。因果を信じるとはいえ、そこから解脱した人がいることは信じていない。それゆえに、「信が完全にはそなわっていない」と名づけるのである。この者を、「不完全な信」にとどまっているとするのである。〈中略〉

　善男子よ、悪い果報を得る四種類の善事がある。何を四種とするかと言えば、一つには、他人よりも勝れようとして経典を読誦することである。二つには、おのれの利益のために戒律を受けて保つことである。三つには、他人の所有物でもって布施を行じることである。四つには*非想非々想処を得ようとして、思いをかけ思惟することである。この四種類の善事は、悪い果報を得るであろう。このような四事を修習することを、邪心のゆえに悪道に沈み、ふたたび悪道を離れて浮び上がるとはいえ、また悪道に沈んでしまうと言う。何ゆえに「沈む」と名づけるかと言えば、三悪道という迷いの世界を願い求めているゆえである。何のゆえに「浮く」と名づけるかと言えば、智慧にふれているゆえである。智慧とは、戒と布施と禅定について聞くことである。その智慧によって三悪道を離れるのである。しかるに、何ゆえにまたすぐに三悪道に沈むかと言えば、邪見を増長させ、憍慢を生じるゆえである。それゆえに私は『経』のなかに、次のような偈を説く。

もし衆生があって輪廻の世界に愛執し
そのために善悪の業をつくるとすれば
そのものは涅槃にいたる道を迷失する

これを、「暫時のあいだ悪道を離れては、ふたたび迷いに沈む（暫出還出没）」と名づける

黒闇の生死の海を超え出て

解脱を得るとはいえ
煩悩がまざっているゆえに
ふたたび悪道に沈没する

これをも、「暫時のあいだ悪道を離れては、ふたたび迷いに沈む」と名づける

如来には二種類の涅槃がある。一つには生滅変化を残した有為（うい）の涅槃、二つには生滅なく相（すがた）かたちなき無為の涅槃である。有為の涅槃は無常であり、無為の涅槃こそが常なるものである。法楽を受けて真の主体を保ち、清浄なるものである。

通常の人間は、仏教の戒律も外道の戒律も、ともに因果があると信じることであろう。それゆえに戒律と名づけられようと、真実の戒律はそなわっていない。この人は信心も戒律も、いずれともそなえていないゆえである。説法の多聞を喜んでいるとしても、多聞もまた十分ではない。何をもって「教えの聞き方が十分でない(聞不具足)」と名づけるかと言えば、如来の所説は十二部の経典に分かたれている。そのうちの六部を信じて、いまだ六部を信じていない。それゆえに「聞不具足」と名づけるのである。またこの六部の経典を受け入れ信じたとはいえ、よく読誦もせず、理解もできないまま他人に解説すれば、帰依させることはできないであろう。それゆえにこれもまた「聞不具足」と名づける。またこの六部の経典を受け入れ信じたとしても、論議のために、他者に勝たん

がために、利益のために、あるいはその他、もろもろの煩悩のため読誦し説法する者がいよう。それもまた「聞不具足」と名づける。〈略抄〉

また、つぎのようにものたまわれている。

善男子よ、第一に真実の善知識とは、いわゆる菩薩と諸仏である。何をもってのゆえかと言えば、つねに三種類の善き指導を行なって人の心をととのえるゆえである。何を三種とするかと言えば、一つには終始やさしい言葉を用いることであり、二つには終始きびしく責めることであり、三つにはやさしい言葉ときびしい責めとを、合わせ用いることである。かかる働きを持っておられるゆえに、菩薩や諸仏を真実の善知識と言う。また次に、善男子よ、仏および菩薩を、大いなる医者であるゆえに善知識と名づけるのである。何んとなれば、病いを知って薬を知り、病いに応じて薬を授けるゆえである。たとえば良医が用いる八種の巧みな術にひとしい。良医はまず病相を観る。病相には三種類がある。何を三種とするかと言えば、風と熱と水である。風病の人には蘇油（牛乳から取った油）を与え、熱病の人には石蜜（氷砂糖）を与え、水病の人には薑湯（しょうが湯）を与える。病いの原因を知っているゆえに、与える薬を区別できるのである。それゆえに良医と名づける。仏および菩薩もこれに似ている。仏・菩薩はもろもろの凡夫の病いの相を観て、三種類があることを知っている。一つには貪欲、二つには瞋り、三つには愚痴（ぐち）である。貪欲を病むものには、みずからの骸骨を観ることを教えて執着を離れさせる。瞋りを病むものには、慈悲の相を観させる。愚痴を病むものには、十二因縁*の相を観させて道理をさとらせる。このような働きをされるゆえに、諸仏・菩薩を善知識と名づけるのである。善男子よ、たとえば人を巧みに渡す船頭を、大船頭と名づけるのにひとしい。諸仏・菩薩は大船頭である。もろもろの衆生に、生死の大海を渡らせる。かかる働きをされるゆえに、善知識と名づけるのである。〈抄出〉

『華厳経』には、つぎのようにのたまわれている。

そなたは自分を生んだ父母のように
善知識を思え
善知識はわが身を育くむ乳母にも似ている
菩提のためのあらゆる功徳を養い育てる
その行ないは、もろもろの病いの治療に似ている
天が甘露をそそぐのにも似ている
太陽が正しい道を明らかにするのにも似ている
月が清らかな光で照らして、心を清浄にするのにも似ている

また、つぎようにものたまわれている。

如来の大慈悲は
世界に出現したまい
あまねくもろもろの衆生のために
無上の法輪を転じたもう

如来が無数の劫年にわたって
苦しみはげまれたのは衆生のためである
どうしてもろもろの人びとが
よく大師の恩を報じないことがあろう　〈以上〉

光明寺の善導和尚の『般舟讃』には、つぎのように讃えられている。
ただうらむべきは、衆生が疑うべからざることを疑っていることである
浄土はわれらの目前にあり、願いのままに往生できる
阿弥陀仏が摂取したもうかどうかを論じてはならぬ
心をもっぱらにして、廻向するかしないかにかかっている

また別人が讃えている
今から成仏の日まで幾劫年を経ようと
私は仏をほめて慈恩に報いようと
弥陀の弘大なる誓願の力をこうむらなければ、何時いかなるときに娑婆を出られよう
私がいま弥陀の宝国にいたることを期待できるのは
真実この世に出でたもうた釈尊のお力による
本師・善知識たる釈尊のすすめがなければ
どうして弥陀の浄土に入れよう
浄土に生まれえて慈恩に報じよ

　また『往生礼讃』には、つぎのように讃えられている。
仏が生きておられる時に生まれ合わせることははなはだ難しい
人が仏を信じることや仏の智慧を得ることも難しい
仏の教えに遇い、希有なる弥陀他力本願の法を聞くことはさらに難しい
自身が信じ、さらに他の人に教えて信じさせることは、難事中でも最大の難事である

それゆえに、弥陀の本願他力の大慈悲の教えを弘め人びとを救うことは阿弥陀仏の恩徳に真に報いることになる

また『法事讃』には、つぎのように讃えられている。

いざ往こう、他郷にとどまってはならぬ
み仏に従って本家（浄土）に帰ろう
弥陀の本国へ帰りつけば
一切の行と願が自然に成就する

悲喜こもごもの他郷にあって、深くみずからをかえりみれば
釈迦仏の開悟によらずして
いつ弥陀の本願と名号を聞くことができたであろう
み仏の慈恩をこうむったことは、まことに報いがたい

また、つぎのようにも讃えられている。

全宇宙の六道を、あまねく際限なく輪廻してきたわが身である。めぐりめぐって愛欲

の波に沈み、苦海に埋没してきた。
私はしかし得がたき人身と、仏道とを今すでにして得た。聴聞しがたい浄土の教えを、今すでに聞いた。起こしがたい信心を、今すでに起こした。〈以上〉

まことにもって知られる。念仏をもっぱら修めつつ、しかも雑心をいだいているものは大慶喜心を得られない。それゆえに宗師善導和尚は、「雑心のものは、かの仏恩に報いる思いがない。仏道を修行するとはいえ、心に憍慢が生じ、つねに名声や利益が心から離れず、みずから我執に覆われて、真実の道を行く者や善知識に親近しないゆえである。また好んで修行を妨げるものに近づき、往生のための正行を、自分のためにも他人のためにも妨害するゆえである」と仰せられた。

悲しいかな、煩悩にまみれた凡愚のわれらは、無始よりこのかた助業と正定業とをあいまじえて行ない、定・散の二心をあいまじえて抱きつづけてきた。それゆえに、生死輪廻を出離する機会を得なかったのである。流転輪廻を重ねてきたのはおのれ自身の罪であり、無数の劫年を経つづけてきても、仏の願力に帰依しがたく、大信心の海に入りがたかった。傷み嗟嘆してもなおあまりあり、深く悲嘆すべきである。

およそ大乗・小乗の聖人たちも、一切の善人たちも、本願の名号をとなえることが自分の善行であると自覚するがゆえに、信を生じることができない。仏の智慧をさとることもない。阿弥陀仏が何ゆえに名号をもって浄土往生の正しい原因とされたか、その心を明らかに知ることができないゆえに、報土に入ることがない。

それゆえに私愚禿釈の親鸞は、天親論主の解釈をあおぎ、宗師善導和尚の勧化によって、すでにながらく、もろもろの自力の善行の功徳でもって浄土へ往生しようとする仮りの教え（万行諸善の仮門）を出て、永久に雙樹林下の往生を離れた。私は第二十の善本徳本の真門に入って、ひたすら難思往生の願心を起こした。今はしかし、私は口にはもっぱら「南無阿弥陀仏」ととなえながら、心にはなおおのれの善心（虚）に期待しているこの方便の真門を出て、真実の（み仏の真の教えをこうむって、みずからを実とならしめる）、第十八の選択の願海に転入した。私はすみやかに難思往生の願心を離れて、難思議往生*をとげようと欲する。阿弥陀仏が第二十の果遂*の誓願をお立てになったことは、まことに理由があることであった。

私はここにおいて、永久に弥陀の願海に入り、深く仏恩を知った。私はこの無上の徳に報謝するために、真宗（真実の教え）の要となる文章を集め、つねに不可思議の徳海にひたって念仏しつづける。それによってますます教えを喜び愛し、この教えのみを頂戴する。

まことにもって知られる。聖道のもろもろの教えは、釈尊の在世時や*正法の時代にふさわしいものであった。*像法や末法や*滅法の時機にふさわしい教えではなかった。時代にも、そこに生きる衆生の器量にもふさわしくない。いっぽう浄土の真宗は、釈尊の在世時にも正法の時代にも、像法、末法、滅法の時代にも、濁悪の群萠に等しく大悲をそそいで浄土へみちびきたもう。

ここにおいて経典によって、祖師たちの解釈をひらき、教えを説くものの差異を判別しようとすれば、もろもろの経典は、五種類の説き手によって説かれているにすぎない。一つには仏が説いたものであり、二つには聖弟子が説いたものであり、三つには天上の神や仙人が説いたものであり、四つには鬼神が説いたものであり、五つには幻怪変化が説いたものである。それゆえに、仏説以外の四種類の所説は信用するにたりない。この浄土三部経は、大聖釈尊おんみずからが説きたもうたものである。

龍樹菩薩の『*大智度論』第九巻には、仏教の四依（しえ）（四種の依りどころ）を解釈して次のように説かれている。

釈尊はまさに入滅しようとされたときに、もろもろの比丘に次のように語りたもうた。

「今日よりは法（教え）に依って、人に依ってはならない。義（意味）に依って、言葉に依ってはならない。智に依って、識に依ってはならない。了義経（完全で明瞭な教えを説いた経）に依って、不了義経に依ってはならない。〝法に依る〟というのは、法には十二部があるが、この法に従うべきであり、人に従ってはならない。〝義に依れ〟というのは、意味というものは、好悪や罪福や虚実をあらそうことがない明瞭なるものである。言葉はその明瞭なる意味を、表現しようとするものである。しかしながら、言葉は意味を表現するとはいえ、意味そのものではない。たとえば人が指でもって月を指し示し、私に月を教えようとする。その時に、指だけを見て月を見ないことにひとしい。人はその時、〝私は指でもって月を指し示し、あなたに月を知らせようとしている。にもかかわらず、あなたはどうして指を見て、月を見ようとしないのか〟と言うであろう。言葉と意味との関係も同じである。言葉は意味にとっては指である。「月」という言葉は、月そのものではない。言葉そのものは、意味ではないのである。それゆえに私は、〝言葉に依るべからず〟と説くのである。〝智に依れ〟というのは、智慧はよく善悪をはかって分別するゆえである。識はつねに楽を求めるのみであって、感覚の楽から離れるための、正しく肝要なる道に入ってゆくことはないゆえである。それゆえに私は、〝識に依るべからず〟と説くのである。〝了義経に依れ〟というのは、一切智をそなえたお方がおわしまして、仏がその第一人者であるゆえである。一切の経典のなかで、仏法が第一の教えであるゆえである。一切の集団のなかで、比丘の僧団が第一であるゆえである。仏は、無仏の世に生きる衆生を重罪人としたもうた。仏に会うという善行の根を植えない人びとであるゆえである」〈以上〉

それゆえに末法の時代に生きる僧侶も俗人も、よく四依を知って教えを修めるべきである。

ところで、真正の教えの意味に依って、いにしえの聖人たちの伝え説きたもうところをひもとけば、これらは聖道・浄土二門の真と仮とを明らかにするとともに、仏道以外に執着する、邪偽なる外教を教誡しておられる。また釈尊が入滅された時代を明示して、正法・像法・末法の区別を開示しておられる。

この問題にかんして、玄忠寺の道綽和尚の『安楽集』には、つぎのように説かれている。

しかるに仏道を修行する者は、一万劫のあいだたえず修行しつづけて、初めて不退の位にいたることができる。今の世に生きる凡夫は、信心が羽毛のように軽い。菩薩と言おうと、名ばかりのものである。これらの者たちも不退の位についていない。すなわち、仏になることが確定していないゆえに不定聚と名づける。不退の菩薩以外の者であるゆえに、外(げ)の凡夫とも名づけられるのである。外の凡夫は、いまだ火宅のごとき迷いの世界を出ていない。何ゆえにそのように知りうるかと言えば、『*菩薩瓔珞(ようらく)経』に、仏道に入った修行者のたどる過程がつぶさに説かれている。それによれば、仏道修行者は法則通りに一つずつ階位を登ってゆく。飛びこえることは絶無である。それゆえに難行道と名づけるのである。

また、つぎのようにも説かれている。

浄土の教えが興ってきた理由を明らかにし、これが時代と人の器量にふさわしい教えであるゆえに、私は往生浄土をすすめようと思う。一般に教えというものは、それを受け取る人の器量と時代にそむいておれば、修行しがたく、それによって悟りを得ることも困難である。『*正法念経(しょうぼうねんきょう)』には、

行者が一心に道を求めようとするときは
つねに時と修行の方法とをよく考えるべきである
もしも時を得ていなければ修行もできない
これを時期を誤った失敗であるとし、利益とは名づけない

と説かれている。なんとなれば、湿った木を切って火を求めようとしても、得ることはできない。それと同様であって、時期がまちがっているゆえである。

またもしも、枯れた薪（たきぎ）を割って水を求めようとしても、得ることはできない。それと同様であって、智慧なき振舞いであるゆえである。

また『大集経』*「月蔵分」に、つぎのように説かれている。「釈迦牟尼仏が入滅されたあと、最初の五百年間においては、私（釈尊）のもろもろの弟子たちは、智慧を学んで修行を固く保つであろう。第二の五百年には、禅定を学んで修行を固く保つであろう。第三の五百年には、多くの経典の聴聞と読誦を学んで固く保つであろう。第四の五百年には、塔や寺を建立し、福を修め、懺悔することを固く保つであろう。第五の五百年には、仏教はこの世から隠れ去り、論争ばかりが増えることになろう。わずかばかりの善や教えが残って、それを固く保つことがあろう」

今の世の衆生の現状をかえりみれば、仏が世を去りましてのちの、第四の五百年目にあたっている。まさに懺悔し、福を修め、阿弥陀仏の名号をとなえるべき時代である。ただ一度でも「南無阿弥陀仏」ととなえればただちに、八十億劫年にわたって生死を重ねてきたあいだに犯した一切の罪が、よく除かれる。一度の念仏ですらそのようである。ましてやつねに念仏をとなえつづける人は、つねに懺悔を行なっている人である。

また、つぎのようにも説かれている。

いずれの経典がこの世に残され、いずれの経典が滅び去るかを考えれば、もろもろの経典が存在するのは、釈迦牟尼仏の在世時と、正法五百年間と、像法一千年間とである。末法一万年のあいだには、衆生の数はしだいに減少し、もろもろの経典はことごとく滅びてゆく。釈迦如来はしかし、痛焼する（苦悩する）衆生をあわれみたまい、末法一万年後の滅法の世となっても、なお百年間、この『大無量寿経』のみをこの世に止住せしめようとされる。

また、つぎのようにも説かれている。

『大集経』には、つぎのようにのたまわれている。「末法の世に生まれる無数の衆生が、行を起こし道を修めようとしても、悟りを得るものは一人もいないであろう。今は末法の世であって、*五濁の悪世である。ただ浄土の一門のみが、悟りにいたりうる道である」と。〈以上〉

ここに説かれてあるように、今の世の人びとはみずから悪に穢れ、しかも濁悪の世界に生きる群生である。にもかかわらず、彼らは末法の時代の意味を知らずに僧尼の乱れたふるまいを謗っている。今の世に生きる僧侶も俗人も、おのれの分際をよくわきまえられよ。

正法・像法・末法の三時の教えについて、釈迦如来がいつ入滅されたかを考えれば、周の第五代の帝王穆王（ぼくおう）の五十一年目の治世、壬申（みずのえさる）の年にあたっている。この壬申の年より、わが日本国の元仁元年〈後堀川院諱茂仁の聖代である〉甲申にいたるまで、二千一百八十三年を経ている。また*『賢劫経』や*『仁王経』や『涅槃経』などの正法五百年説によれば、すでに末法の時代に入って六百八十三年を経ている。

*『末法燈明記』〈*最澄の製作〉をひもとけば、つぎのように説かれている。

仏法一如の真実にのっとって教化するものは法王（教えの王）であり、全世界に住んで国民を治めるものは仁王（仁徳の国王）である。それゆえに仁王と法王とは、たがいに現われて衆生をみちびき、真諦（仏教の真理）と俗諦（世俗の真理。ここでは国法をさす）とが、たがいに助けあって教えをひろめるのである。それゆえに深奥なる仏典が国にみち、正しい言葉が天下にあふれることになる。ところで愚僧らは、国法（僧尼令）を遵守しようとしているとはいえ、なかなかに守りがたい。法を犯して厳罰に処せられるかと思えば、身の休まるところがない。しかしながら、仏法には正・像・末の三時があり、人にも大きく分けて三種の資質の違いがある。それゆえに、教化の法や僧団の制度も、時代によって興ったり滅びたりする。教えと制度にたいする批判や賞讃の言葉も、人によってまちまちである。中国の*三古の聖者も移り変わり、衰退の様子も同じではない。仏入滅後の、五つの五百年間における人の智慧や、悟りの内容もまた異なる。どうして唯一の教えで救うことができ、唯一の聖者の道理によって統一することができよう。それゆえに、ここに正・像・末の時代の意味をつまびらかにして、破戒の僧、持戒の僧の何んたるかを明らかにしよう。説明を三段階にわかち、最初に正・像・末を決定し、ついで破戒・持戒の僧を規定し、最後に教えを示して対比したい。

はじめに正・像・末を決定しようとすれば、これには対立する諸説がある。いま一説を紹介すれば、大乗の*慈恩大師窺基（きき）は『賢劫経』を引いて、「仏入滅のあと正法は五百年間、像法は一千年間であろう。この千五百年のあと、釈迦の法は滅び尽きよう」と説いて、末法についてはふれていない。また他の説にしたがえば、正法一千年である。しかしその間にも尼僧が*八敬（はっきょう）にしたがわず、しかも懈怠するゆえに、正法千年と定義できない。それゆえに、この説にも従えない。また『涅槃経』には、「末法の世にも十二万人の大菩薩衆が存続し、法を保って滅ぼすことがない」と説かれている。しかし、これは上位の菩薩について説いているゆえに、この説にも従えない。

問う。もしそうであるとすれば、正法・像法の千五百年間のあいだに、どのようなことが生じるのであろう。

答う。『*大術経』によれば、「仏入滅のあと、最初の五百年間は、大迦葉（だいかしょう）尊者などの七人の賢僧が、つぎつぎに正法を保って滅ぼさない。五百年間が過ぎれば、正法は滅尽するであろう。六百年代に入れば、九十五種類の外道が競（きそ）って生まれ出よう。しかし、馬鳴菩薩が世に出て、もろもろの外道を屈伏させるであろう。七百年代には、龍樹菩薩が世に出て外道邪見の幢を打ちくだくであろう。八百年代には比丘は放縦となり、わずかに一人か二人が悟りを得るであろう。九百年代にいたれば、僧尼は奴婢のように軽んじられよう。一千年代には、不浄観を教えひろめれば、誰もが瞋って修めなくなるであろう。千一百年代には、僧尼が結婚して僧団を破壊することになろう。千二百年代には、もろもろの僧尼が子供を持つことになろう。千三百年代には、袈裟が白色に変じるであろう。千四百年代には、出家・在家のすべての仏弟子が猟師のようになって、三宝に供養されたものを売り払うことになろう。ついで千五百年代にいたれば、*拘睒弥国に二人の僧が現われ出て、たがいに教えの是非を争い、ついに殺害することになろう。これによって、仏教は龍宮に隠れてしまうのである。

『涅槃経』の第十八巻や、『仁王経』などにもこの文章がある。これらの経文にしたがえば、以上の正・像千五百年のあとは、戒律も禅定も智慧も消滅するのである。それゆえに『大集経』の第五十一巻には、次のように説かれている。「私が滅度にいたったあと最初の五百年間（正法の世）においては、もろもろの比丘などが私の正しい教えに従って、堅固に解脱することであろう。〈最初に得られる聖者の果報を解脱と名づける〉。次の五百年間（像法の世の前半）には、堅固に禅定することであろう。次の五百年間（像法の世の後半）には、堅固にあまたの教えを聴聞することであろう。次の五百年間（末法最初の世）には、堅固に寺が造られよう。その後の五百年間には、闘争や論争のみが堅固であろう。仏教は隠れて埋没するのである」〈云々〉。この意味は、最初の三つの五百年間には、上の順にしたがって戒律、禅定、智慧の三つの教えが、固く保持できるということである。すなわち上記の正法五百年と、像法一千年の二時がこれである。造寺以後はすべて末法の世である。それゆえに窺基の『般若会釈』に、「正法は五百年間、像法は一千年間であり、この千五百年ののちに、正法は滅尽するであろう」と言われているのである。それゆえに、これ以後は末法に属すると知られる。

問う。もしそうであるとすれば、今の世はまさにどのような時代にあたるのであろう。

答う。仏入滅後の年代についてはあまたの説がある。ここではひとまず二つの説をあげよう。一つには法上師*などが、『周異記』*の説によって説くものであって、「仏は周の第五代、穆王*の満五十一年目の治世、壬申の年に入滅したもうた」とある。この説によれば、その壬申の年よりわが日本国の延暦二十年辛巳にいたるまで、一千七百五十年を経ていることになる。二つには費長房*などが、魯の『春秋』*によって説いている説である。それによれば、「仏は周の第二十代の、匡王班の四年目の治世、壬子の年に入滅したもうた」とある。この説によれば、その壬子の年よりわが日本国の延暦二十年辛巳にいたるまで、一千四百十年を経ている。それゆえに現代のごときは、像法最後の時代である。その時にあたっての仏教徒の振舞いは、すでにして末法の世と同じである。

すなわち末法の世にあっては、言葉による教えのみがあって、修行も、それによる解脱も失なわれている。本来の仏道修行者は戒律にしたがうのであるが、戒律があれば破戒があるであろう。しかるに末法の世においては、すでにして戒律がない。どのような戒を破ることによって、破戒が生じるのであろう。破戒すらがないのである。ましてや持戒（戒律を身に保持する）はないのである。それゆえに『大集経』には、「仏入滅ののちは、無戒のものがこの*閻浮提（えんぶだい）（世界）に満ちよう」〈云々〉と説かれている。

問う。もろもろの経典や律典によれば、ひろく破戒のものをさえぎって僧団に入れることを許さない。破戒者すら許されないのである。ましてや無戒の者が、僧たることを許されるのであろうか。しかしながら、くり返し末法について論じて、この時代には戒律がないことが知られる。もしそうであれば、末法の世に生きる僧たちは、傷のない者が痛みを感じないのと同様に、無戒であっても自分を悪人とは思わないことになるのではなかろうか。

答う。ここに説かれている道理はそうではない。正・像・末それぞれの時代の人の振舞いについては、ひろく諸経に記載されている。内外の僧侶や俗人の、誰が読まないことがあろう。経典によれば、僧たる者がおのれの邪まなる生活をむさぼり求めて、国を保つ正しい仏法を隠蔽することはありえない。しかしながら、今論じている末法の世に存在するのは、名ばかりの比丘のみである。しかして、名ばかりの比丘であってもこの世の真の宝としなければ、仏法の福徳を生み出す者がいなくなる。反対に、末法の世に持戒の僧侶がもしいるとすれば、すでにして怪異である。市場に出現する虎にひとしい。誰がこの出現を、まことのことと信じよう。

問う。正・像・末のことは、すでにもろもろの経典に記されている。末法の世の、名ばかりの比丘を世の真の宝とすることも、聖典に出ているのであろうか。

答う。『大集経』の第九巻に、次のように説かれている。「たとえば本物の黄金を無価の宝（価いがつけられないほどの尊宝）とするようなものである。もし本物の黄金がなければ、白銀を無価の宝とする。もし白銀がなければ、合金の偽の宝を無価とする。もし偽の宝がなければ、赤白の銅や鉄や白鑞や錫や鉛を無価とするのである。以上は世上の宝であるが、仏法こそが真実の無価である。もしも仏という無上の宝がおわしまさなければ、縁覚を無上とするのである。もし縁覚がいなければ、阿羅漢を無上とする。もし阿羅漢がいなければ、その他の賢人や聖人たちを無上とする。もしその他の賢人や聖人たちがいなければ、禅定を得た凡夫を無上とする。もし禅定を得た凡夫がいなければ、清らかに戒を保つものを無上とする。もし清らかに戒を保つものがいなければ、破戒の比丘を無上とする。もし破戒の比丘がいなければ、鬚や髪を剃って体に袈裟を着た、名ばかりの比丘を無上の宝とするのである。何んとなれば、仏道以外の九十五種の外道にくらべれば、名ばかりの比丘のほうが勝れているゆえである。世俗の人びとの供養を受けて当然であり、第一の福田（福を生じるもの）である。何んとなれば、衆生はわが身の破滅を怖れているゆえである。名ばかりの比丘を護持し養育してやすらかに住まわせれば、何時かは開悟の境地にいたるゆえである。〈以上経文〉

この文章のなかには、八種類の無価の宝がふくまれている。如来、縁覚、声聞および*前三果、禅定を得た凡夫、持戒者、破戒者、無戒名字（戒律がない名ばかりの比丘）である。それらを、この順位にしたがって正・像・末の三時の無価の宝とするのである。最初の四種は正法のときの、次の三種は像法のときの、最後の一つが、末法のときの無価の宝である。これによって破戒も無戒も、すべて真実の宝であることが明らかに知られる。

問う。伏して先の経文をひもとけば、破戒の僧も名ばかりの比丘も、真の宝でないことはない。それでは何ゆえに『涅槃経』と『大集経』とに、「国王や大臣が破戒の僧を供養すれば、国に飢饉・兵乱・疫病の三種の災いが起こり、ついに地獄に生じる」と説かれているのであろう。破戒ですらこのようである。ましてや無戒の比丘を供養することは、いかなる罪咎をまねくことであろう。ところで釈迦如来は、同じ破戒の僧にかんして、ある経典では今のように謗り、別の経典では賞めておられることになる。それでは一代の聖人の説法に、相反する評価の咎があることになるではないか。

答う。経典に説かれてある道理は、そのようなものではない。『涅槃経』その他においては、正法の世の破戒を制止しておられるのである。像法や末法の世の比丘について説いておられない。破戒の名は同一であっても、時代が異なっている。時代に応じて、あるいは制止し、あるいは許しておられるのが如来のみ心である。世尊にあっては、相反した説明はしておられない。

問う。もしそのようであれば、『涅槃経』その他は正法の世の破戒だけを制止しておられ、像・末の僧侶のことではないと、どうして知りうるのであろう。

答う。先に引用した『大集経』の所説の、八種類の真の宝がそれである。これが証拠である。すべてが時代に応じて無上の宝とされるのである。ただし正法の世の破戒比丘は、清浄なる持戒の僧たちをけがす。それゆえに、仏はかたく禁制して僧団に入れられなかった。このように理解する理由はと言えば、『涅槃経』の第三巻に、次のように説かれている。

「如来は今、無上の正法を諸王、大臣、宰相、比丘、比丘尼にゆだねたもうた。〈中略〉

破戒者がいて正法を謗れば、王や大臣や出家・在家の男女らが、かたく制止することであろう。そのような王や臣などが、無量の功徳を得ることであろう。〈中略〉これが私の弟子である。真実に私の教えを聞く者である。はかり知られざる福を得ることであろう」〈中略〉

このように、破戒を制止した経文の教えは数多く見られる。それらはすべて、正法の世に応じて明らかにしたもうた禁制の経文である。像法・末法の教えではない。その理由は、像法・末法の世には、一人として正法を行じるものがいないゆえである。正法を謗る者は断罪されるべきであるとしても、正法そのものが、存在していないのである。何をもって毀法（教えを破るもの）と名づけることができようか。破られるべき戒律が存在していないのである。誰を破戒と名づけることができようか。またこの時代には、大王に護るべき行がない。何によって飢饉・兵乱・疫病の三種の災いが生じ、戒律や智慧が滅びると言うのであろう。また像法・末法の世には、悟りを得るものがいない。どうして二聖*によって教えが聞かれ、護られると説かれるのであろうか。それゆえに知られる。先の所説はすべて、正法の世に持戒の僧がいることに対応させて、破戒の僧がいるゆえに説かれたのである。

ついで像法千年の時代に入れば、前半の五百年間に持戒はしだいに減じ、破戒がしだいに増えると言われる。この時代に戒律と修行は存在していても、悟りを得るものはないのである。それゆえに『涅槃経』の第七巻に、次のように説かれている。「迦葉菩薩は仏に、次のように訊ねて申しあげた。〝世尊よ、仏の所説にしたがえば、*四種類の魔があります。私は魔の所説と仏の所説とを、どうすれば分別できるのでしょう。またもろもろの衆生がいて、魔道にしたがうことがあれば、仏説にしたがうこともあります。そうであれば、そのようなともがらは、両者をどうすれば理解して区別できるのでありましょう。〟仏は迦葉に、次のように告げたもうた。〝私が入滅して七百年ののちに、*魔王波旬(はじゅん)が徐々に勃興して、私の正法をしきりに破壊するであろう。たとえば、猟師が法衣を着て人びとをだますようなものである。魔王波旬も同様である。比丘の姿や比丘尼の姿や、*優婆塞(うばそく)・優婆夷(うばい)の姿となるのは、獲物をだます猟師にひとしい〟。〈中略〉そして、このように説くであろう。比丘が、奴婢や僕使を使い、牛・羊・象・馬などを飼育し、また銅や鉄の釜、大小の銅盤など生活の支えとなるものをたくわえ、田を耕して種子を植え、収穫物を市場で売って米穀をもうけることは許されている。仏は大悲のゆえに衆生を憐愍して、これらすべてを蓄えることを許しておられると。このように説く経文や戒律は、すべて魔説である〟」〈云々〉すでにして「仏入滅七百年ののちに、魔王波旬が徐々に劫興するであろう」と説かれているのである。それゆえに知られる。この時代の比丘は、しだいに*八種類の不浄物を貪り蓄えるようになったのである。このように自分の破戒を、弁護するような妄説を説くものが魔のともがらである。これらの経典のなかに、明らかに年代をさして僧侶の破戒の振舞いが説かれている。疑うことはできない。今はその一例をあげたにすぎないが、その他の妄説についても、これにしたがって知るべきである。次に、像法の時代の後半には持戒がいちじるしく減少し、破戒がおびただしく増えることになる。それゆえに『涅槃経』の第六巻に、次のようにのたまわれている。〈中略〉また*『十輪経』には次のようにのたまわれている。「もしも私の教えにしたがって出家しながら、悪行をなすものは、沙門にあらずして、みずから沙門と称し、清浄なる行ないを為さずして、みずから清浄行であると称するであろう。このような比丘であっても、一切の天や龍や夜叉が保持してきた一切の善法や功徳の蔵を開き示して、衆生のための善知識となることであろう。少欲であって足りるを知る聖人ではなくとも、鬚（ひげ）や髪を剃り、法服を着るのであれば、その因縁によって、衆生のために善根を増長せしめるのである。またもろもろの天人に対しても善道を開示する。また、破戒の比丘とは死人に等しい存在ではあるが、ひとたび受戒したことの余徳があるのは、牛黄（ごおう）のようなものである。牛黄はたとえ死んだ後でも、胆が薬になるゆえに、人びとは喜んでこれを取り出す。また麝香（じゃこう）鹿も、後に香料に用いられるのと同じ様である」〈云々〉。すでに、

「有毒の実のなる迦羅の林のなかに、薬となる果実を生じる鎮頭迦の木が一本ある」と言われている。これは像法の運勢がすでにおとろえて、破戒の濁世に、わずかに一、二の持戒の比丘が生じることをたとえている。また、「破戒の比丘は死んだ人間であるとはいえ、なお麝香鹿が死んでから香料として用いられるのに似ている。衆生の善知識となる」と言われている。これらによって、末法の世にはようやく破戒の僧侶が許容されて、世の福田とされることが明らかに知られる。先の『大集経』と同じである。

次に、像法の世の後は、戒律がまったくなくなる。仏はこの時運を知っておられたゆえに、末法の世の俗人を救うために、名ばかりの僧侶をほめて世の福田としたもうたのである。また『大集経』の第五十二巻には、「もしも後の末法の世のなかに、私の教えに従って、鬚や髪を剃り身に袈裟を着る名ばかりの比丘がいて、もし施主となる人がいて、その比丘を供養すれば、その人は無量の福を得るであろう」と説かれている。また*『賢愚経』には、「もし将来の末世において仏法が尽きようとするとき、僧たちは妻をたくわえ、子をもうけることであろう。しかし、施主となる人びとよ、かかる名ばかりの僧侶であろうと、*四人以上集まれば、*舎利弗や*大目連などに対すると同じ様に礼し敬まえ」と宣われている。また「もし破戒の僧を打ったり、ののしったりして、相手が袈裟を着けていることを知らなかったことの罪は、万億の仏身から血を流すことに等しい。私の教えのために髪や鬚を剃り、袈裟をまとう衆生がもしいるとすれば、たとえ戒を保っていなくとも、彼らはすべて涅槃の印を刻印している」と説かれている。〈中略〉『大悲経』には次のように説かれている。「仏は阿難に告げたもうた。〝将来の世において仏法が滅尽しようとするときは、私の教えに従って出家した比丘や比丘尼が、わが手にわが幼子(おさなご)の手を取って、酒屋から酒屋へと遊び歩くことであろう。私の教えを聞きながら淫行をなすであろう。酒に酔(え)いくるってそのように振舞うとはいえ、この賢劫*のなかに千のみ仏が興出したもう間には、すべてが私の弟子となる。私の亡きあとは、弥勒が私を継ぐことであろう。しかして最後の盧至(るし)*如来にいたるまで、仏は生まれつづけるのである。阿難よ、そなたはまさに知るべきである。私の教えのなかにあって、みかけばかり沙門の行を行ない、みずから沙門と称し、形ばかり沙門に似て長らく袈裟を着る者たちは、この賢劫にあっては、弥勒を最初とし盧至如来を最後とする仏たちのもとにあって、すべてがしだいに無余涅槃*のなかに入り、ついには悟りを得るのである。一人として、洩れるものはいない。何んとなれば、如来のみもとにある一切の沙門のなかで、一度でも仏のみ名をとなえたり、一度でも信を生じたものが得られる功徳は、虚妄の所産ではないゆえである。私は仏の智慧でもって真如の世界を知っているがゆえに、このように語る〟」云々。〈中略〉

これらの諸経ではすべて年代を示して、将来の末世においては、名ばかりの比丘を世の導師とすると説かれている。もしも正法の時代の制文をもって、末法の時代の名ばかりの僧を戒めるとすれば、教えと機とがあいそむき、人と教えとが合致しない。それによって『律』には、「禁じてはならないものを禁じるのは、かえって仏の智慧を断ち切ったことになる。そのような禁制を立てて説くことは、かえって罪となる」と説かれている。以上でもって、経典を証拠として正・像・末の三時を説いた。

次に、釈尊在世時および正法の世の教えを挙げて末法と比較すれば、末法の世においては正法はこわたれ、身・口・意の行ないは、記す価値もないほど乱れている。行住坐臥のすべての行為が、道にはずれ作法に反している。これらのことは『像法決疑経』に説かれている。〈中略〉また『遺教経』に説かれ、〈中略〉また『法行経』に説かれ、〈中略〉『鹿子母経』に説かれ〈中略〉、また『仁王経』に説かれてあるとおりである。〈中略〉

〈以上略抄〉

顕浄土方便化身土文類六本

顕浄土方便化身土文類六末

愚禿釈親鸞が集める

もろもろの経典によって真偽を判定し、邪偽なる異教にたいする誤った執着を教えていましめようとすれば、

『涅槃経』には、つぎのようにのたまわれている。

仏に帰依すれば、あくまで他の諸天神に帰依してはならぬ。〈略出〉

*『般舟三昧経』には、つぎのようにのたまわれている。

在家の女がこの三昧を聞いて学ぼうと思えば、〈中略〉みずから仏に帰命し、法に帰命し、比丘僧に帰命せよ。他の教えに仕えてはならぬ。天を礼拝してはならぬ。鬼神を祀ってはならぬ。吉日や良日を占ったりしてはならぬ。〈以上〉

また、つぎのようにものたまわれている。

在家の女が三昧を学ぼうと思えば、〈中略〉天を礼拝し神を祀ってはならぬ。〈略出〉

*『大乗大方等日蔵経』第八巻「魔王波旬星宿品」の第八の二には、つぎのように

のたまわれている。

そのときに*佉盧虱吒仙人は、天人たちに告げて次のように説いた。

「このもろもろの月や星は、それぞれに司っているものがある。そなたらも四種類の衆生を救済するべきである。何を四種とするかと言えば、地上の人間ともろもろの龍と夜叉と、蝎にいたるまでのものたちである。そなたらは、彼らのすべてを助けるべきである。私はこれらの衆生の安楽のために、星宿を配置したのである。それぞれの星には、分担するべき区域と時とがある。ある星の担当時間は、半刻にみたぬものもある。それらについては、別の機会にくわしく説こう。星はそれぞれの分担区域のなかで、いよいよ順調に事をはこんでいる」

さらに佉盧虱吒仙人は、大衆の前で合掌しつつ次のように説いた。

「私はこのように日と月と、年と時と、大小の星宿とを安置した。何を六時と名づけるかと言えば、正月・二月を暖かな時（喧暖時）と名づける。三月・四月を種子をまく時（種作時）と名づける。五月・六月は雨の降る時（求降雨時）である。七月・八月は物がみのる時（物欲熟時）である。九月・十月は寒涼の時である。十一月および十二月は大雪の時である。このように、十二の月を六時に分けるのである。また大星宿は八つある。いわゆる歳星（木星）・熒惑（火星）・鎮星（土星）・太白（金星）・辰星（水星）・日・月・荷羅睺星（日食や月食の原因とされた架空の星）である。また小星宿は二十八（インドの天文学による配置）である。昴星から胃星にいたるまでの諸星がこれである。私がこのように順を追って安置したのである。その法則はすでに説いた。そなたらはよく見、よく聞け。みなの衆よ、どう思うか。*私が配置した法則をよいと思うかどうか。二十八星宿および八大星の運行や働きを、そなたらは楽しいとするかどうか。是とするか非とするか。おのおのが思いのままに意見を述べるがよい」

そのときに一切の天人や阿修羅や、龍および緊那羅（歌舞音楽の神）たちは、すべてが合掌して、いっせいに次のように答えた。

「今のあなたのようなお方は、天人たちのなかで最も尊重されるものです。諸龍や阿修羅のなかにも、あなたに勝るものはおりません。智慧と慈悲とが、ともに第一のお方であります。無量劫にわたって忘れることなく、一切衆生を憐愍するがゆえに福報を得、誓願はみたされて功徳は海のように広大になっておられます。過去・現在・未来にわたる一切の出来事をよく知っておられます。天人たちを見ても、あなたほどの智慧あるお方はおりません。このような法則とその運行、日と夜、一*刹那および一加羅（一千六百刹那）、大小の星宿、月の前半・後半、一年の移り変わりなど、すべての法則とその運行とを、あなたの他に作れる者はおりません。すべてのものが喜んでこれにしたがい、安楽に暮らしているのです。われらは大徳のあなたが、衆生を安穏に住まわせていることを讃えます」

そのとき佉盧虱吒仙人は、また次のように説いた。

「私はこの一年十二か月の始終を、このように定めておいた。大小の星宿や刹那の時の法則については、すべてすでに説き終えた。私はそのほかにも、四天大王を須弥山の四方に一天王ずつ安置した。彼らはそれぞれの方面において、衆生を治めているのである。北方の天王を*毘沙門（多聞天）と名づける。この境界のうちには夜叉が多い。南方の天王を*毘留茶（増長天）と名づける。この境界のうちには嶋槃茶（鬼の一種）が多い。西方の天王を*毘留博叉（広目天）と名づける。この境界のうちにはもろもろの龍が多い。東方の天王を*題頭隷吒（持国天）と名づける。この境界のうちには乾闥婆（帝釈天の音楽を司る神）が多い。このようにして須弥山の四方の一切の国々や、都城や村落を護っているのである。また鬼神を置いて守護させているのである」

佉盧虱吒仙人が*衆のために法を説き終えると、諸天や龍や夜叉や阿修羅や緊那羅や*摩睺羅加や人非人（人間および人間以外のもの）など、一切の大衆が佉盧虱吒仙人を賞讃し、限りない歓喜を生じた。かくて、天や龍や夜叉や阿修羅などは日夜、佉盧虱吒仙人を供養した。

次にまた、のちに無量の世を過ぎたあとで、また仙人が生まれ出よう。伽力伽と名づけることであろう。世に出現してまた別にもろもろの星宿や、大小の月の法則や、時節についての概要を説きおくことであろう。そのときにもろもろの龍は、＊佉羅坻山聖人の住処に居る光味仙人を尊重し恭敬することであろう。龍の能力をつくして、これを供養することであろう。〈以上抄出〉

『大乗大方等日蔵経』第九巻、「念仏三昧品」の第十には、つぎのようにのたまわれている。

波旬がこの偈を説き終えたとき、観衆のなかに一人の魔女がいた。離暗という名である。この魔女は過去世の昔にもろもろの徳の根を植えていたのであるが、次のような説を説いた。

「沙門瞿曇（釈尊）は福徳と称せられていました。衆生がこの仏名を聞いて一心に帰依すれば、一切の諸魔が悪を加えることができません。ましてや仏を見たてまつって、まのあたり教えを聞いた人は、さまざまな修行を積み、智慧も理解も深く広大なものになることでしょう。〈中略〉たとえ千万億の一切の魔軍が襲うことがあっても、瞬時も害をなすことができません。如来は今、涅槃道を聞きたもうたのです。私はかしこにおもむいて仏に帰依しようと思い、父上（波旬）のために次のような偈をとなえます。〈中略〉

三世の諸仏の法を修学し
一切の苦しみに悩む衆生を救おう
すべてに自在を得て
願わくば未来に仏となろう

離暗がこの偈を説き終えると、父の王宮に住む五百の魔女の姉妹や眷属は、すべてが菩提心を起こした。魔王は自分の王宮に住む五百の女がすべて仏に帰依して菩提心を起こしたのを見て、大いなる瞋り(いか)や畏れや憂愁をたかめた。〈中略〉そのときに五百の魔女たちは、波旬のために次のような偈をとなえた。

仏に帰依する衆生は
千億の魔をおそれない
ましてや生死の流れを度脱しようと願い
無為涅槃の岸にいたろうとの菩提心を起こしたものは言うまでもない

一ひらの香華を
三宝なる仏法僧にささげ
堅固勇猛の心を起こすならば

一切の魔軍はこれを破壊できない〈中略〉
われらが過去に起こした無量の悪の
すべてが滅んで残らない
至誠専心に仏に帰依して奉りおえれば
必ずや悟りの果報を得よう

魔王はこの偈を聞き終えて、大いに瞋りや畏れをたかめ、心を焦がし、憔悴憂愁(しょうすいうしゅう)して、ひとり宮のうちに坐っていた。そのときに光味菩薩は、仏の説法を聞いて一切衆生に煩悩の縁をはなれさせ、*四種の清浄なる行を得さしめた。〈中略〉
仏はそのとき、光味菩薩に次のように説きたもうた。
「体を清らかに洗い、清らかな衣服を着、菜食をつづけて体内をも清め、辛(から)いものや臭(くさ)いものを口にしてはならぬ。寂静のところにあって道場を荘厳し、正念し結跏(けっか)し、ときには歩き、ときには正座して、仏の身相を念じて心を乱してはならぬ。他のものに思いを寄せたり、念じたりしてはならぬ。あるいは一昼夜、あるいは七昼夜、その他の行をつとめずして、心から念仏すれば、やがては仏を見たてまつる。小さな念仏の結果は小さな仏を見たてまつり、大きな念仏の結果は大きな仏を見たてまつる。限りなく念仏をつづければ、仏の身相が限りなく広大であることを見たてまつる」〈略出〉

『大乗大方等日蔵経』第十巻、「護塔品（ごとうほん）」の第十三には、つぎのようにのたまわれている。

そのときに魔王波旬は、八十億の眷属に前後をつつまれて、み仏のもとへ往った。足を頭上にささげて頂礼したてまつり、次のような偈を説いた。〈中略〉

三世の諸仏の大慈悲を心とされる世尊よ
私の礼拝を受けて一切の罪の懺悔を聞きたまえ
法と僧の二宝も、礼拝を受けて聞きたまえ
私は心から帰依したてまつって異心がない

願わくば私は今日、世の導師を
供養し、恭敬し、尊重いたします
諸悪は永遠に尽きて、ふたたび生じることのないように
私は命の尽きるまで如来の法に帰依しよう

魔王波旬はこの偈を説き終えると、仏に、

「世尊如来は、私およびもろもろの衆生のなかにあって、平等無二の心をいだき、つねに歓喜し、慈悲をそそいであわれみたもうのです」

と申しあげた。仏は、

「そのとおりである」

と宣(のたま)われた。そのとき魔王波旬は大歓喜を生じて清浄心をおこし、ふたたび仏前におもむいて、足を捧げもって頂礼した。三たび仏のまわりを右に回って恭敬合掌し、退いて一隅にひかえると、世尊を仰ぎみて飽きることがなかった。〈以上抄出〉

『大方等大集月蔵経』第五巻、「諸悪鬼神得敬信品(しょあくきじんとくきょうしんぼん)」の第八の上には、つぎのようにのたまわれている。

もろもろの仁者は、かの邪見を遠離する因縁を得れば、十種の功徳が得られる。何を十とするかと言えば、一つには心性が柔和で善良になって、賢明善良なものと交わるようになろう。二つには業の報いがあることを信じて、命を奪われようとももろもろの悪を起こさない。三つには三宝に帰依し、うやまって天神を信じない。四つには正しい見解を得て、歳や日や月の吉凶をえらばない。五つにはつねに人間界や天上界に生まれかわって、その他の悪道に堕ちない。六つには賢明善良なる心が明らかになって、人から賞めたたえられる。七つには世俗を捨てて、つねに聖道を求める。八つには断見（一切の存在は虚無であって、死後の存在もないとする見解）や常見（一切の存在は常住不滅であるとする見解）などの因果の道理に反した邪見を離れて、因縁の法を信じる。九つにはつねに正信・正行・正発心の人びととあい集まりあい会う。十には善い世界に生まれかわることができる。

この邪見を遠離する善行を積んで阿耨多羅三藐三菩提に廻向すれば、その人はすみやかに*六波羅蜜を成就しよう。善浄の仏土にあって正覚をとげよう。菩提を得て、かの仏土にあって、功徳や智慧の一切の善でもって衆生を荘厳しよう。人びとはその国に往生して天神を信ぜず、悪道の恐怖をはなれ、その国土において命を終えれば、ふたたび善道に生まれる。〈略抄〉

『月蔵経』第六巻、「諸悪鬼神得敬信品」の第八の下には、つぎのようにのたまわれている。

仏が世にお出ましになることははなはだ難事である
教えや僧の出現もまた難事である
衆生が浄信を得ることは困難である
もろもろの難をはなれることは困難である

衆生を哀愍（あいみん）することは困難である
足るを知るのは第一の困難である
正しい教えを聞くことができるのは困難である
よく修行することは第一の困難である

これらの困難を知ることができて平等であれば
この世にあってつねに楽をうける
智慧あるものはこの*十平等処（じゅうびょうどうしょ）を
つねにすみやかに知るであろう〈中略〉

世尊はそのとき、かのもろもろの悪鬼神たちのなかにあって法を説きたもうた。そのとき、かのもろもろの悪鬼神たちのなかにいた例の悪鬼神は、昔、仏法を固く信じていたのであるが、のちに悪知識に近づいて心に他人のあやまちを見るようになった。その因縁のゆえに、悪鬼神に生まれかわったのである。〈略抄〉

『大方等大集経』第六巻の「月蔵分」のなかの、「諸天王護持品」の第九には、つぎのようにのたまわれている。

そのとき世尊はこの世界の姿を示そうとされて、娑婆世界の主である*大梵天王に、次のようにお訊ねになった。

「須弥山を中心とする四つの天下を、誰がよく護持し養育しているのであろう」

そのとき娑婆世界の主である大梵天王は、次のように申しあげた。

「大徳世尊よ、*兜率陀天王には、無数の兜率陀天子とともに、北方の*鬱単越を護持し養育せしめています。*他化自在天王には、無数の他化自在天子とともに東方の弗婆提を護持し養育せしめています。*化楽天王には、無数の化楽天子とともに、南方の閻浮提を護持し養育せしめています。*須夜摩天王には、無数の須夜摩天子とともに、西方の瞿陀尼を護持し養育せしめています。

大徳世尊よ、毗沙門天王（多聞天）には、無数の諸夜叉たちとともに、北方の鬱単越を護持し養育せしめています。提頭頼吒天王（持国天）には、無数の乾闥婆たちとともに、東方の弗婆提を護持し養育せしめています。毗楼勒叉天王（増長天）には、無数の鳩槃荼たちとともに、南方の閻浮提を護持し養育せしめています。毗楼博叉天王（広目天）には、無数の龍たちとともに、西方の瞿陀尼を護持し養育せしめています。

大徳世尊よ、佉盧虱吒仙人が配置した次の七星宿と三曜と三天童女とでもって北方の鬱単越を護持し養育せしめています。その天仙の七星宿とは、虚・危・室・壁・奎・婁・胃であります。三曜とは鎮星（土星）・歳星（木星）・熒惑星（火星）であります。三天童女とは鳩槃・弥那・迷沙であります。大徳世尊よ、その天仙の七星宿のなかの虚・危・室の三宿は土星の領分であり、鳩槃がその辰（神宮）であります。壁・奎の二宿は木星の領分であり、弥那がその宮神であります。婁・胃の二宿は火星の領分であり、迷沙がその宮神であります。大徳世尊よ、右のような天仙の七星宿と三曜と三天童女とでもって、北方の鬱単越を護持し養育せしめているのです。

大徳世尊よ、天仙の他の七星宿と三曜と三天童女でもって、東方の弗婆提を護持し養育せしめています。その天仙の七星宿とは、昴・畢・觜・参・井・鬼・柳であります。三曜とは太白星（金星）・歳星（木星）・月であります。三天童女とは毗利沙・弥偸那・羯迦吒迦であります。大徳世尊よ、その天仙の七星宿のなかの昴・畢の二宿は金星の領分であり、毗利沙がその宮神であります。觜・参・井の三宿は木星の領分であり、弥偸那がその宮神であります。鬼・柳の二宿は月の領分であり、羯迦吒迦がその宮神であります。大徳世尊よ、右のような天仙の七星宿と三曜と三天童女とでもって、東方の弗婆提を護持し養育せしめているのです。

大徳世尊よ、天仙の他の七星宿と三曜と三天童女でもって、南方の閻浮提を護持し養育せしめています。その天仙の七星宿とは、星・張・翼・軫・角・亢・氐であります。三曜とは日・辰星（水星）・太白星（金星）であります。三天童女とは綽訶・迦若・兜羅であります。大徳世尊よ、その天仙の七星宿のなかの星・張・翼は日の領分であり、綽訶がその宮神であります。軫・角の二宿は水星の領分であり、迦若がその宮神であります。亢・氐の二宿は金星の領分で、兜羅がその宮神であります。大徳世尊よ、右のような天仙の七星宿と三曜と三天童女とでもって、南方の閻浮提を護持し養育せしめているのです。

　大徳世尊よ、天仙の他の七星宿と三曜と三天童女でもって、西方の瞿陀尼を護持し養育せしめています。その天仙の七星宿とは、房・心・尾・箕・斗・牛・女であります。三曜とは熒惑星（火星）・歳星（木星）・鎮星（土星）であります。三天童女とは毗離支迦・檀菟婆・摩伽羅であります。大徳世尊よ、その天仙の七星宿のなかの房・心の二宿は火星の領分であり、毗離支迦がその宮神であります。尾・箕・斗の三宿は木星の領分であり、檀菟婆がその宮神であります。牛・女の二宿は土星の領分であり、魔伽羅がその宮神であります。大徳世尊よ、右のような天仙の七星宿と三曜と三天童女とでもって西方の瞿陀尼を護持し養育せしめているのです。

　大徳世尊よ、この四つの天下の世界にあって、南方の閻浮提が最も勝れたものとされております。なんとなれば、閻浮提の人は勇気があり、強健であり、聡明な智慧をそなえて、彼らの修行は仏にふさわしいものであるゆえです。それゆえに世尊は閻浮提にお出ましになったのであります。それゆえに四大天王は他の世界に倍増して、この閻浮提を護持し養育せしめられているのであります。閻浮提には十六の大国があります。そのうちの鴦伽摩伽陀国・傍伽摩伽陀国・阿槃多国・支提国の四大国は、毘沙門天王に、夜叉たちとともに周りを取り巻いて護持し養育せしめています。迦尸国・都薩羅国・婆蹉国・摩羅国の四大国は、提頭頼闥天王に、乾闥婆たちとともに周りを取り巻いて護持し養育せしめています。鳩羅婆国・毘時国・槃遮羅国・疎那国の四大国は、毘楼勒叉天王に、鳩槃茶たちとともに周りを取り巻いて護持し養育せしめています。阿湿婆国・蘇摩国・蘇羅吒国・甘満闍国の四大国は、毘楼博叉天王にもろもろの龍たちとともに周りを取り巻いて護持し養育せしめています。

　大徳世尊よ、過去の佉盧虱吒仙人がこの四つの天下の世界を護持し養育したがゆえに、このように分布配置させたのです。そののちに、それぞれの国の都城や村落や塔寺や園林や樹下や墓地や山谷や曠野や河泉や港および海中の宝島や天神を祀った祠など、場所に応じ、また*卵生・胎生・湿生・化生という生まれかたにしたがって、もろもろの龍や夜叉や羅刹や餓鬼や毘舎遮（樹木に宿る精霊）や富単那（餓鬼の一種）や迦吒富単那（餓鬼の一種）などがそれぞれの場所に生まれ、そこに住みついて、誰にも帰属していないのです。また誰の教えも受けておりません。それゆえに仏よ、この閻浮提の一切の国土に、かの諸鬼神を分布安置して下さい。国土の護持のために、また一切のもろもろの衆生を護らんがためにお願いします。私は仏説に喜んで従おうと思うのです」

仏は、

「そのとおりである。大梵天よ、そなたが説くとおりである」

と宣われた。そのときに世尊は、重ねてその意味を明らかにしようと、次のような偈を説いてのたまわれた。

世間に教示しようがために
導師（釈尊）は梵天王に
この四つの天下を
誰が護持し養育しているのであろうと問いたもうた

天師梵王は答えて言った
もろもろの天王を初めとして
兜率天、他化自在天

化楽天、須夜摩天などが

このような四つの天下を
よく護持し養育している
四天王とその眷属たちも
またよく護持している

二十八星宿や
十二辰（宮神）や
十二天童女が
四つの天下を護持している

生まれたところによって
龍や鬼や羅刹などになり
誰にも教えを受けられぬものでも
それぞれのところで諸天がそれらを護持している

天や神などを四つの世界に
分布せしめたまえとみ仏にお願いします
衆生を憐愍するがゆえに
正しい教えの燈を明らかに燃やしたまえ

そのときに仏は、月蔵菩薩に告げて次のようにのたまわれた。

「この国を観察すれば、この賢劫の初め、人の寿命が四万年であったときに*鳩留孫仏（くるそんぶつ）が世にお出ましになった。この仏は数限りない衆生のために、この生死輪廻の世にお出ましになって、正しい教えを説かれたのである。ついで地獄や餓鬼などの悪道にお出ましになって、人間や天人に生まれる果報や悟りを得せしめられた。この仏がこの須弥山をめぐる四つの大天下を、娑婆世界の主である大梵天王と、他化自在（たけじざい）天王や化楽（けらく）天王や兜（と）率陀（そっだ）天王や須夜摩（しゅやま）天王などに託されたのである。世界の護持のため、養育のため、他の衆生をあわれむため、三宝の種子を断絶させないため、さらに盛んにするため、また地の精気である五穀や、衆生の精気である聞法の福力や、正法の精気である仏・法・僧の三宝を久しく持続させ増大させるがため、もろもろの衆生を三悪道に堕ちさせないため、

*三善道におもむかせようがために、四つの天下を大梵天王および諸天王に託されたのである。

しかしながらしだいに劫がおとろえ、もろもろの天人が滅び、一切の善行や純粋なる教えがつぎつぎに滅んで、大悪やもろもろの煩悩にたいする耽溺が増大してゆくのである。人間の寿命が三万年におとろえたとき、*拘那含牟尼仏が世にお出ましになる。この仏はこの四つの大天下を、娑婆世界の主である大梵天王と、他化自在天王以下の四大天王およびそのもろもろの眷属に託したもうのである。護持養育のため、あるいは一切衆生を三悪道に堕ちさせないため、三善道におもむかせようがために、この四天下を大梵天王および諸天王に託したもうたのである。

しかしながらしだいに劫が尽き、諸天人が尽き、正しい教えもまた尽きて、大悪やもろもろの煩悩にたいする耽溺が増大してゆくのである。人間の寿命が二万年になったとき、*迦葉如来が世にお出ましになる。この仏はこの四つの大天下を、娑婆世界の主である大梵天王と他化自在天王や、化楽天王や兜率陀天王や須夜摩天王や*憍尸迦帝釈や四天王など、およびそのもろもろの眷属に託したもうのである。護持養育のため、あるいは一切の衆生を三悪道に堕ちさせないため、三善道におもむかせようがために、この迦葉仏がこの四つの大天下を大梵天王と四天王に託し、またはもろもろの天仙たちや七曜や十二天童女や二十八星宿などに託したもうのである。護持のためであり、養育のためである。

　この国土を観察すれば、そのようにしてしだいに一切がおとろえてゆく。今は時代が濁り、煩悩に濁り、衆生が濁り、大悪煩悩に濁り、闘争や論争ばかりが盛んである。人の寿命は百歳になったのであるが、そこにいたるまでに一切の正しい教えは尽きて、一切の諸悪が暗黒に覆っているのである。世界は、たとえば海水がどこで口にしようと鹹(から)いように、大煩悩の味わいが世にあまねくみちている。悪人たちが徒党を組んで手に髑髏(どくろ)を取り、掌を血に染めてたがいに殺しあうことであろう。そのように悪なる衆生のために私は今、菩提樹の下に現われ出て、初めて正覚を成就したのである。そして*提謂(だいい)や波利(はり)ともろもろの商人たちから食事の供養を受けて、私は彼らのために、この閻浮提(えんぶだい)に天や龍や乾闥婆(けんだつば)や鳩槃荼(くはんだ)や夜叉などを分布したのである。護持養育のためである。

　それゆえに全宇宙の仏土に住む人間や菩薩たちが、すべてここに集まってくることであろう。あるいはこの娑婆仏土に全宇宙の百億の日と月、百億の四大天下、百億の四大海、百億の*鉄囲山と大鉄囲山、百億の須弥山、百億の*四阿修羅城、百億の四大天王、百億の*三十三天、あるいは百億の非想非々相処(ひそうひひそうしょ)など、数限りないものがあるが、全部を言うことはできないので省略する。私がこの娑婆仏土において正しい法を説くのである。

それゆえに娑婆仏土を支えるもろもろの梵天王およびもろもろの眷属、魔天王、他化自在天王、化楽天王、兜率陀天王、須夜摩天王、帝釈天王、四大天王、阿修羅王、龍王、夜叉王、羅刹王、乾闥婆王、緊那羅王、迦楼羅王、摩睺羅伽王、鳩槃荼王、餓鬼王、毗舎遮王、富単那王、迦吒富単那王など、すべてのものが私の眷属となってここに集まるのである。私の教えを聞くためである。あるいは、この娑婆仏土に住むもろもろの菩薩たちも、もろもろの声聞も、一切あますことなくここに来集するのである。私の教えを聞くためである。私は今ここに集まる大衆のために、はなはだ深奥なる仏法を顕示するのである。またこの世界を護るために、この閻浮提に集まる鬼神を分布安置し、護持養育させるのである」

そのときに世尊はまた、娑婆世界の主である大梵天王に訊ねて、

「過去の諸仏は、この四大天下を誰に託して護持養育させたもうたのであろう」

と宣われた。そのときに娑婆世界の主である大梵天王は、

「過去の諸仏はこの四天下を、かつて私および憍尸迦（帝釈天）に託されました。護持を命じられたのですが、私に過失があったのでしょうか、私の名と帝釈の名をお挙げにならないで、他の天王や二十八宿、三曜、宮神に護持養育せよと指定されたのはどういう訳でしょうか」

と申しあげた。そのとき娑婆世界の主である大梵天王および憍尸迦帝釈は、仏足を頂礼して次のように申しあげた。

「大徳世尊よ、大徳善逝よ、私は今あやまちをお詫びします。私は子供のように愚痴無智であって、如来のおん前でみずから自分の名をあげずにはいられなかったのです。大徳世尊よ、願わくばお許しください。大徳善逝よ、願わくばお許しください。参集しておられる大衆よ、あなたがたにもお許しを乞います。私は自分に定められた場所で教えを流布します。自由に力を発揮して護持養育します。また、もろもろの衆生を善道におもむかせます。私たちは昔、鳩留孫（くるそん）仏のみもとにあってすでに教勅を承わり、あるいは三宝の種子をすでに盛んにしたのです。拘那含牟尼（くなこんむに）仏や迦葉（かしょう）仏のみもとで教勅を承わったことも同様であります。私たちはそのときも三宝の種子をねんごろに繁栄させました。地の精気である五穀や衆生の精気である聞法の福力や、正しい教えの味わいや真実の仏法（醍醐の精気）を、久しく保持し増大させようがためであります。また私のようなものも、今は世尊のみもとにあって、自分が護持養育する世界のために教勅をいただいて説きひろめるのであります。自由に力を発揮して一切の闘争や飢饉を終わらしめ、あるいは三宝の種子を断絶させないため、三種の精気を久しく保持して増大させるため、悪行をはたらく衆生をさえぎり、教えを行じる衆生を護って養うため、衆生を三悪道に堕ちさせずに三善道におもむかせるため、仏法を末ながくこの世にとどまることができるようにするために、ねんごろに護持します」

仏は、

「よいかな、よいかな。すぐれた者たちよ、そなたらは、そのように行なうであろう」

と宣われた。そのときに仏は、百億の梵天王に告げて次のように宣われた。

「そなたらの行ないがすべて私の教えにもとづき、教えにしたがって悪をいとい捨てるのであれば、今はすべてをそなたらの手に託そう。賢者の首（しゅ）であるそなたらが、百億の四天下をそれぞれの領域として、教えを説きひろめるのである。自由に力を発揮して国ぐにの衆生を護持養育するのである。今の世の衆生は悪に堕ち、粗暴であり、他人を悩ませ害し、他者にたいして慈しみやあわれみがない。後生を畏れることを思うことなく、*刹帝利（せつていり）や*婆羅門（ばらもん）や*毗舎（びしゃ）や*首陀（しゅだ）の心を悩ませよう。あるいは畜生の心を悩ませよう。そのように殺生を行なう因縁や邪見をなす因縁や、もろもろの行為によって、ときならず風雨が生じることがあろう。あるいは地の精気である五穀や衆生の精気である聞法の福力や、正法の精気である三宝を損減する因縁をつくれば、そなたらがそれをさえぎって善法のなかに住まわせるようにしなければならない。善を得ようと思う衆生や、教えを得ようと思う衆生や、生死の彼岸に渡ろうと思う衆生や、*檀波羅蜜ないしは般若波羅蜜を修行しようと志す衆生や、行ないのすべてが教えにかなっている衆生や、正しい修行を行なおうと志す衆生を、そなたらはまさに護持養育するべきである。経典を受持し読誦して、他人のために教えを述べたり、さまざまな経論を解説する衆生があれば、そなたらは、そのような衆生とともに仏を思い、教えを保持し、さまざまな方便を用いて堅固なる法力を得るべきである。そうすれば教えを忘れることなく、すべてのものの真相をよく知って信じて生死をはなれ、*八聖道を修めて三昧に入る機根を獲得することになろう。そなたらの国土にあって教えの中に住み、*奢摩他(しゃまた)や毗婆舎那(びばしゃな)をつぎつぎに修めて、もろもろの三昧を得るにふさわしくなり、ねんごろに三種の菩提を修得しようと求める衆生があれば、そなたらは彼らを保護して鬼や魔を防ぎ、彼らを受け入れてねんごろに施しをなし、困窮させることがあってはならない。また、もしおのれの飲食物や衣服や寝具をほどこしたり、病人たちに湯薬をほどこそうとする衆生があれば、そなたらはこの施主たちに五種の利益を増大させるべきである。何を五種の利益とするかと言えば、一つには寿命がのびることである。二つには財産がふえることである。三つには楽しみが増すことである。四つには善行が増すことである。五つには智慧が増すことである。そうすればそなたらは永久の迷いの世にあっても利益と安楽とを得るであろう。また国土を護持養育する因縁でもって、そなたらはよく六波羅蜜を満たし、遠からず一切種智を成就することができるであろう」

そのときにこの娑婆世界の主である大梵天王を初めとして、他の世界の主である百億の諸梵天王は、もろともに次のように申しあげた。

「そのとおりであります。大徳世尊よ、私どもはそれぞれの領域において、悪に堕ち、粗暴であり、他人を悩まし害し、慈悲や憐愍の心がなく、後生を畏れることを思うことがないなどの衆生をまさにさえぎって、施主には五種の利益を増大させましょう」

仏は、

「よいかな、よいかな。そなたらはそのようにすることであろう」

と宣われた。そのときにまた一切の菩薩や、一切の大声聞や、一切の天龍や、一切の人間や、人間にあらざる衆生たちがほめて、

「よいかな、よいかな。大いなる勇猛の士であるそなたらは、そのように教えを永久に国土にとどめ、もろもろの衆生をして悪道を離れさせることができ、すみやかに善道におもむかしめることであろう」

と言った。そのときに世尊は、重ねて意味を明らかにしようと思し召して、次のような偈を説いてのたまわれた。

私は月蔵菩薩に告げて言った

この賢劫の最初にあたって
鳩留孫(くるそん)仏が
梵天王などに四天下を託したもうた

もろもろの悪をさえぎり
正法を見る智慧の眼を盛んにせしめられた
もろもろの悪事を捨離し
教えを行なうものを護持し

三宝の種子を断たず
地・衆生・正法の三種の精気を増大せしめ
もろもろの悪道をとざして
もろもろの善道におもむかしめられた

拘那含牟尼(くなごんむに)は
また大梵王と

他化自在天王・化楽天王
ないしは四天王に四天下を託したもうた

次ののちの世の迦葉仏も
また梵天王と
化楽などの四天や
帝釈天や護世（こせ）王や

過去のもろもろの天仙に託したもうた
もろもろの世界のために
もろもろの曜宿を安置して
護持し養育せしめたもうた。

この濁悪の世にいたって
正しい教えが滅尽しようとするときに
私は無上の悟りをひとり開いて

人民を安置し保護しようとするのである

今、大衆の前にあって
私はしばしば心を悩まされるが
私はなお説法を説き聞かせるであろう
そなたらは、私の意を汲んで共に衆生を護持せよ

全宇宙のもろもろの菩薩が
ことごとくここに来集するのである
天王もまた
この娑婆の仏国土にくるのである

私は梵天王に
誰が昔、全世界を護持してきたのかと訊ねた
帝釈と大梵天は
他の天王の名を示した

そのとき帝釈も梵天も
あやまちを導師に詫びて申しあげた
われらに王としての位を与えてくださるならば
一切の悪をさえぎり

三宝の種子をさかんにさせよう
三種の精気を増大させよう
諸悪の輩（ともがら）をさえぎり
善の輩を護持しようと〈以上略出〉

『月蔵経』第七巻、「諸魔得敬信品（しょまとくきょうしんほん）」の第十に、つぎのようにのたまわれている。

そのときにまた、百億のもろもろの魔がいた。ともに同時に座から立って、合掌して仏に向いたてまつり、仏足を頂礼して次のように申しあげた。

「世尊よ、私どもはまさに大勇猛心を起こして仏の正法を護持し養育し、三宝の種子を盛んにして末永く世界にとどめ、地の精気である五穀と、衆生の精気である聞法の福力と、法の精気である三宝をすべてことごとく増大させましょう。世尊よ、教えの中にあって教えにしたがい、身・口・意の三行が教えにふさわしく修行する声聞の弟子があれば、私どもはすべてを護持し養育して、何一つ不足がないようにいたしましょう」〈中略〉

この娑婆世界が
賢劫の最初期に入ったときに
拘楼孫(くるそん)如来が
すでに四天下を

帝釈、梵天王に託して
護持し養育させた
三宝の種子を盛んならしめ
三種の精気を増大せしめたもうた
拘那含牟尼(くなごんむに)は
また四天下を
梵天、帝釈、諸天王に託して
護持し養育させた

迦葉牟尼もまた同様である
すでに四天下を
梵天、帝釈、護世王に託して
教えを行じる人を護持せしめられた

過去の諸仙衆
および諸天仙や
星辰やもろもろの宿曜も
また託して諸方に分布した

私は五濁の世に出でて
あだなす諸魔を降伏せしめ
大集会をもよおして
仏の正法を顕現せしめた〈中略〉

一切の諸天衆は
ことごとくともに仏に申しあげた
われらは王の位にあって
すべてが正法を護持し

三宝の種子を盛んならしめて
三種の精気を増大せしめよう
もろもろの病疫や
飢饉および闘争や論争をやめさせよう　〈中略　略出〉

『大集経月蔵経』第五十二巻、「提頭頼吒天王護持品」には、つぎのように説かれている。

仏は、

「日天子よ、月天子よ、そなたらが私の教えを護持し養育すれば、そなたらは長寿であって、もろもろの衰弱や患いをなからしめよう」

と宣われた。そのときにまた百億の提頭頼吒天王や百億の毘楼勒叉天王や百億の毘楼博叉天王や百億の毘沙門天王がいた。彼らは同時に眷属とともに座より立って、衣服をととのえて合掌し、敬礼して次のように申しあげた。

「大徳世尊よ、われらはそれぞれ自分の天下にあって、ねんごろに仏法を護持し養育しましょう。三宝の種子を盛んにして久しく存続せしめ、三種の精気をことごとく増大せしめましょう。〈中略〉私は上首の毘沙門天王と心を合わせて、この閻浮提と北方の世界と諸仏の法を護持します」〈以上略抄〉

『月蔵経』第八巻、「忍辱品」の第十六には、つぎのように説かれている。

仏は次のように宣われた。

「そのとおりである。そなたらの言うとおりである。もしおのれの苦をいとい楽を求めることを好むのであれば、まさに諸仏の正法を護持するべきである。それによって無量の福なる果報を得ることであろう。もし私のために出家し鬚や髪を剃り、袈裟を着る衆生があれば、彼らはたとえ戒を保たなくとも、すべてがすでに涅槃の印を刻印されている。もしまた出家して戒を保たない者を非道に悩まし、ののしり辱しめ、謗り責め、あるいは刀杖を手にして打ちのめし切りさいなむものや、彼らの衣鉢をはじめさまざまな生活のための道具を奪う者は、三世の諸仏の真実の報身を損傷するのである。一切の天人の眼をえぐっているのである。その者は諸仏の正法と三宝の種子とを隠蔽しようと思っているゆえに、もろもろの天人や人間に不利益をあたえている。地獄堕ちの者であって、この世に三悪道を増大せしめ満ちあふれさせる」〈以上〉

また、つぎのようにものたまわれている。

そのときにまた一切の天や龍、ないし一切の迦吒富単那(かたふたんな)や、人間と人間にあらざるものたちがいて、すべてが合掌して次のように申しあげた。

「私たちは、仏の一切の声聞の弟子をはじめとして、禁戒を保たなくとも、鬚や髪を剃り、袈裟を肩に着る者にいたるまでのすべての仏弟子を、師とも長とも思いましょう。護持養育し、もろもろの生活の資をあたえて困窮させません。もし他の天や龍、ないし迦(か)吒富単那(たふたんな)などが仏弟子を悩ませたり、悪心をいだいて見たりすれば、われらすべてが心を合わせてそれらの天や龍や迦吒富単那などの、身体を犯して醜悪なものに変えましょう。私どもとともに住んだり、食事をすることができないようにしましょう。同じところで笑いたわむれることもできなくして罰をあたえましょう」〈以上〉

また『華厳経』には、つぎのようにのたまわれている。

占卜を離れて、正しい見解を修習し、固く深く善因善果・悪因悪果の因果の道理(罪福の因縁)を信じるべきである。〈抄出〉

『首楞厳経(しゅりょうごんぎょう)』には、つぎのようにのたまわれている。

かのもろもろの魔や、かのもろもろの鬼神や、それに群らがる邪衆や徒党も、それぞれが、自分らが無上の道を達成したと主張することであろう。私が入滅したあと末法の世にいたれば、この魔が多く出現しよう。この鬼神が多く出現しよう。この妖邪が多く出現しよう。世間にもてはやされて善知識となり、もろもろの衆生を煩悩の穴に落とすことであろう。菩提の道を失なわせ、幻惑して判断力を失なわせる。おそらくは心を失なわせることであろう。これらのものが通過するところの家族は散りぢりとなり、煩悩の魔となって如来の種子を失なうことであろう。〈以上〉

*『灌頂経(かんちょうぎょう)』には、つぎのようにのたまわれている。

三十六部の神王が万億恒沙(こうじゃ)の鬼神を眷属として、姿は見せぬまま、かわるがわる三宝に帰依する人を護る。〈以上〉

*『地蔵十輪経(じぞうじゅうりん)』には、つぎのようにのたまわれている。

正しくつまびらかに三宝に帰依し、一切の妄執や吉凶の占いを遠離しようとする者は、決して邪神や外道に帰依してはならぬ。〈以上〉

また、つぎのようにものたまわれている。

あるいはさまざまに、または多かれ少なかれ、吉凶の相に執着し鬼神を祀って、〈中略〉そういうたぐいの者は極重の大罪や悪行を生じ、*無間地獄に堕ちる罪に近づく。この種の人は、もしこのような大罪・悪行を懺悔して除かないかぎり、出家して戒を受けることはできない。もし出家して戒を受けたとすれば、戒をさずけた師も罪を受けるであろう。〈以上〉

*『集一切福徳三昧経』の中に、つぎのようにのたまわれている。

仏教以外の教えに心を向けてはならぬ。仏教以外の諸天を礼拝してはならぬ。〈以上〉

*『本願薬師経』には、つぎのようにのたまわれている。

清浄なる信心をいだいている善男善女は、命が尽きるまで仏教以外の諸天に仕えてはならぬ。

また、つぎのようにものたまわれている。

世の中の邪神や悪魔や外道や、妖しげなことを説くものの妄説を信じれば、ただちに禍（わざわい）が生じよう。おそらくは、ともすれば心みずからが不正におちいって、占いに頼ってかえって禍いをまねくことになる。また占いに従ってさまざまな動物を殺（あや）め、捧げものとすることになろう。神々に祈ってもろもろの魍魎（もうりょう）を呼び出し、福や助けを請い求めて長命を願おうとしても、ついに得ることはできない。愚痴に迷って邪教を信じ、さかさまな見解をいだいてついに横死し、地獄に入って出る機会が得られないのである。〈中略〉横死に九種ある中の第八番目、邪信のものは、毒薬や祈禱や呪いや、屍をよみがえ

らせる鬼などによって無道に害される。〈以上抄出〉

『*菩薩戒経』には、つぎのようにのたまわれている。

出家した者の守るべき法は、国王に向って礼拝せず、父母に向って礼拝せず、親族に仕えず、鬼神を礼拝しない。〈以上〉

『*仏本行集経』第四十二巻「優婆斯那品」〈闍那崛多訳〉には、つぎのようにのたまわれている。

そのときに、かの迦葉三兄弟の甥に、*螺髻を結っている婆羅門がいた。この婆羅門は優婆斯那という名前であった。〈中略〉つねに二百五十の、螺髻を結っている婆羅門とともに仙人の道を歩んでいた。彼が舅の三人の迦葉の噂を聞けば、彼らも弟子たちも、かの大沙門(釈尊)のもとにおもむいて、鬚や髪を剃り、袈裟と衣を着て釈尊の弟子となっているということであった。甥は舅たちに会うと、彼らに向って次のような偈を説いた。

舅たちよ、そなたらは百年間、虚しく火をまつった
またまた虚しくあのような苦行を修めた
今日はまたこの法を捨ててしまわれたが
それは蛇が古い皮を脱ぐように、ただいたずらなる変心ではないのか

そのときに舅の三迦葉は、同様に偈でもって、甥の優婆斯那に答えて次のように言った。

われらは昔、虚しく火神を祀り
またいたずらに苦行を修めてきた
われらは今日それらの教えを
まことに蛇が古い皮を脱ぐように、無造作に捨てるのである。〈抄出〉

『起信論』*には、つぎのように説かれている。

過去に善行を修めて、その功徳の力を持っておらぬ衆生は、諸魔や外道や鬼神のためにたぶらかされる。たとえば坐禅の最中に姿を現わしておどしたり、あるいは端正な男女などの姿をあらわして誘惑する。そのときは、唯心の境界（自分の心がつくり出している姿）であると思うべきである。幻影はたちまち消えて、悩ませることがない。魔の群れは天人や菩薩の姿を現わすことも、如来の相好をそなえた姿を現わすこともあって、ときには*陀羅尼を説いたり、布施・持戒・忍辱・精進・禅定・智慧を説いたり、あるいはすべての存在は平等で差別なく、ただ空であって、姿や形は幻にすぎず実体ではない、それゆえに真に本当に願い求めるものも怨むべきものも、親愛するべきものも無い、このような境地は、すでに因果の道理を超越した真実の空寂なる世界であり、真実の悟りであるなどと、仏の教えとよく似た法を説くであろう。あるいは人びとに過去の宿命を知らせたり、未来を教えたり、他人の心を見抜く智慧をあたえたり、よどみない能弁家にすることであろう。衆生をして世間の名誉や利益を貪り執着させたり、しばしば瞋(いか)らせたり、しばしば喜ばせたりして心を絶えず動揺させる。あるいは必要以上に慈愛の心をいだかせたり、やたらと眠らせたり、わずかしか眠らせなかったりして、過度の病いにおちいらせたり、心を怠惰にしてしまう。あるいは急に勤勉にさせ、あとで疲労困憊(こんぱい)させたりする。かかる状態にいたれば、不信が生じて正しい修行に対する疑いやためらいが多くなる。ついにはもとの勝れた修行を捨てて雑多な修行を修めさせたり、世俗のことに執着させたりして、さまざまに心を束縛するのである。また、いささか三昧に似た境地をも得させるのであるが、これらはすべて外道があたえるものである。真の三昧ではない。あるいはまた人に一日間、もしくは二日間、もしくは三日間、ないしは七日間、禅定の境地に住まわせて、自然に香りよく美味な飲食物を得させる。心身は快適となって飢えも渇(かわ)きもなくなるので、人はこの境界に愛着する。あるいはまた食事に節度をなくならしめて過度に食べたり、わずかしか食べなかったりさせて顔色を変えてしまう。

このような魔界があるゆえに、仏道修行者はつねに智慧を働かせて観察し、心を邪教の網中におちいらせてはならない。つとめて正念をいだき、とどまることも執着することもなくなれば、こういうもろもろの障害をよく離れることができる。外道が得る三昧は、すべて我見や我愛や我慢の心を離れず、世間の名誉や利益や尊敬に執着するがゆえに、生じるものであると知るべきである。〈以上〉

『*弁正論』〈法琳選〉には、つぎのように説かれている。十喩篇および九箴篇は、*李道士が仏教を批判した「十異九迷」についての答えである。

李道士が説く道教と仏教の第一の相違は、「太上老君（老子）は魂を玄妙玉女に託して、彼女の左腋を割いて生まれた。釈迦牟尼は摩耶夫人の胎内によせて、右腋を開いて出現した」〈中略〉、と説いている。

これに対する私法琳の反論は、「老君は常道にさからって、牛飼いの女に託して左から生まれた。世尊は天地化育の法則にしたがい、聖母によって右から生まれられた」ということである。

仏僧である私は次のように主張する。*盧景裕・*戴詵・*韋処玄らが書いた『*解五千文』、および*梁の元帝・*周弘政らが書いた『*老義類』について調べると、「太上と言われるものは四つある。伏羲、神農、黄帝の三皇および堯、舜がそれである」と説かれている。その意味は、上古にこれらの大徳の君主がいて、万民の上に臨んでいたゆえに太上と言う、ということである。*郭荘は、「時代が賢人とするところのものを君とする。君公ほどに人材が世にたたえられないものを臣とする」と言っている。老子は帝ではなく、皇でもなく、それゆえに四種の太上の中にはふくまれない。どういう文献によって、安易に太上とたたえるのであろう。道家の書である『玄妙』および『中胎』・『朱韜』・『王礼』などの経典、ならびに『出塞記』を調べれば、「老子は李氏を母として生まれた」と説かれていて、「玄妙玉女がいた」とは言われていない。すでにして正説ではなく、かりそめの誤説にすぎない。『仙人玉録』には、「仙人には妻がいない。玉女には夫がいない。女の姿に生まれたとはいえ、出産はしない。もし玉女に出産の瑞祥があれば、まことに嘉すべきである」と言われている。ところが『*史記』にもこの文章はなく、『*周書』にも載っていない。虚構をもうけて真実を批難するのであれば、嘘つきの言葉を信じることになる。『*論語』には、「官を退いて位のない者は左遷される」と説かれている。『*礼記』には、「左前の衣服は礼儀にかなわない」と説いている。もし左を右より勝れているとすれば、道士が行道するさいに、どうして左に回らず右に回るのであろう。国王の詔書はすべて「右のごとし」と書かれている。いずれも天の常道にしたがっている。〈中略〉

李道士は第四の相違として、「老君は文王の時代の隆盛せる周の宗師である。釈迦は周の荘王の時代の罽賓国（不明。一説にはカシミール）の教主である」と説いている。

これに対する私の反論は、伯揚（老子）の職は小臣であって、蔵吏〈書庫係〉の役にあたっていたにすぎない。文王の時代の人物ではなく、また隆盛の周の宗師などでもない。いっぽう釈迦牟尼の位は太子であって、その身にこの上なく尊い悟りを証したもうた。時代は周の昭王の最盛期にあたっており、周どころか全世界の教主である。〈中略〉ということである。

李道士は第六の相違として、次のように説いている。

老子は周の文王の時代に世に降り、孔子の時代に生を終えた。釈迦が浄飯王の家に初めて生を享けたのは、わが荘王の時代にあたっている。

これに対する私の反論は、次のとおりである。

迦葉（老子）は周の桓王の丁卯（紀元前七一四）の年に生まれて、景王の壬午の（紀元前五一九）年に生を終えている。孔子の時代に終えたとはいえ、姫昌（文王）の時代に出た人ではない。調御（仏）は周の昭王の甲寅（紀元前一〇二七）の年に生まれて、穆王の壬申（紀元前九四九）の年に生を終えた。これは浄飯王の胤であって、もとより荘王より先に生まれたもうた。

仏僧である私は次のように主張する。

孔子は周におもむいて、老子に会って礼について訊ねた。このことは『史記』にくわしくあらわされている。文王の師であったということは文献にはない。周末に生まれたことは尋ねあてられるが、周の初めに出たということは史文に載っていない。〈中略〉

李道士は第七の相違として、次のように説いている。

老子は初め周の時代に生まれて、晩年は沙漠の中へ旅立っていった。終わりは知られず、行く先もわからない。釈迦は西国に生まれて、かの提河で生を終えた。弟子たちは胸を打って悲しみ、異国の人びとは大声で泣き叫んだ。

これに対する私の反論は、次のとおりである。

老子は頼郷に生まれて、槐里にほうむられた。これは、秦佚(老子の友人)が弔問に行った時の逸話によって明らかである。いわゆる「遁天の形」と批判している話である。瞿曇(釈迦)はかの王宮に生まれて、沙羅双樹の下でかくれたもうた。このことは後漢の明帝の時代に伝わった仏典にある。その「経」はいま、天子の書庫に秘められている。

仏僧である私の主張は次のとおりである。『荘子』*の「内篇」に、次のように説かれている。

老子が死んで秦佚が弔った。しかし普通の儀礼に従って、三度泣き叫んだだけで退出した。弟子があやしんで、「老子の友ではなかったのですか」と訊ねると、秦佚は次のように答えた。「先に入って若者の姿を見ると、老子の死を自分の父の死を哭するように悼んでいた。老人はわが子のように悼んでいた。かつては老子を遁天の形と言っていた。初めはそのような人であると思っていたが、今はそうではない」。ここで遁とは隠れることであり、天とはいましめを解き放つことである。形とはかたちのことである。秦佚の言葉の意味は、初めは老子を世俗のいましめをまぬがれた仙人であると思っていた、今はそうではない、ということである。ああ、老子のへつらいの言葉が人心に迎合したために、人はあのように泣いている。そのへつらいのために、老子は死をまぬがれなかった。私の友ではない。〈中略〉

道教があげる十の相違に対して、仏教の立場から十の喩でもって答える。

道教は生まれ方に左右の差があると言うが、仏教は生まれ方に優劣があるとし、右から生まれた釈尊を優れていると主張する。

仏教の側から道教を喩せば、左前に着物を着るのは野蛮人が尊ぶところである。右を貴いとする中国には、「右の命にしたがえ」という言葉もある。このように、右が中華の尊ぶところのものである、と主張する。それゆえに『春秋』に、「大宰相には王命がない。補佐の大臣には王命がある。これは道理に違っているではないか(左ならずや)」と言われるのである。また『史記』には、「藺相如は大功があったので、廉頗の右に位した。廉頗はこれを恥じた」と言われている。また、「宰相の張儀は秦を右にして魏を左にした。犀首相の公孫衍は韓を右にして魏を左にした」と言われている。けだし左とは、おとしめたという意味である。『礼記』には、「左道（邪道）によって群衆を乱す者を殺す」と言われている。これらはすべて、右はまさって左はおとっている、という意味ではないか。*皇甫謐の『高士伝』には、「老子は楚の人相見であって温水の北に住んでいた。常従子に仕えていた。常従子が病んだとき、李耳（老子）は訪れて病状を尋ねた」と言われている。また嵆康は、「李耳は涓子にしたがって九仙の術を学んだ」と言っている。太子公司馬遷などの多くの書物をさぐっても、「老子が左腋を開いて生まれた」とは言われていない。正しい出典がないのである。信じがたいことは明らかである。明らかに知られる。武器を振るのも筆をあやつるのも右手で行なう。それゆえにこれがまず文武の初めである。*五気*三光が陰陽のはじめであるのと同様である。それゆえに仏門においては、右にめぐって行動するのであり、それが人の動きをなめらかにする方法である。*張陵がひろめた左道は、まことに天の常道に違うものである。何ゆえに釈尊が右脇よりお生まれになったかと言えば、釈尊は平等の慈悲を起こして人びとの願いに応えられた。そのことを語っているのである。〈中略〉

釈尊は、天上天下に並ぶもののない尊い境位におられる。三界・六道において、並ぶものなく秀れておられる。すべてのものがその威徳をたたえる。

道教では次のように説いている。

老子が範としたのは、ただ孝であり、ただ忠である。世を救い、人を済度するために慈をきわめ、愛をきわめた。それゆえに名声も教えも長く伝わり、百代の王も教えを改変せず、久しく世に行なわせて教えに違うことはなかった。それゆえに国を治めるにも家を治めるにも、変わらぬ手本であった。それに対して釈尊の教えは、世上の義を捨て、親を捨てて修行をすることを教える。これは仁でなく、孝でもない。阿闍世王は父を殺したが、釈尊は悔いれば罪がないと説いた。提婆達多は従兄の釈尊を射殺そうとしたが、罰を受けたとも聞かない。このような教えでもって一般の者をみちびけば、悪をさらに増長させることになる。これをもって世の規範とすれば、どうしてよく善を生じようか。これが仏教と道教との、正しい義に順じているか背いているかの、相違を示した内の第十点である。

仏教はそれに対して次のように反論する。

道教では、義は真の道徳から言えば軽んずべきものと説き、礼は忠の心が薄いゆえにやむをえず生じるものであると説く。小さな仁はいやしい女のすることと謗り、大孝は金持にしかできないと言う。また人が不幸に会ったときでも歌い笑うのである。これは中国の風習にそむいている。喪にさいして盆をたたくのも中国の教えではない。〈原壌は母が死んだときに、棺にまたがって歌った。孔子は葬儀に参列しながらこれを謗(そし)らなかった。子桑が死んだときに子貢が弔ったが、四人の子供は顔を見合わせて笑っていた。荘子は妻が死んだとき盆をたたいて笑った〉それゆえに、このような者たちを教えるために、孝をもってするのである。それは天下の者に父を尊敬させるためである。またこのような者を教えるために、忠をもってするのである。天下の者に君を尊敬させるためである。教えが万国に普及するのは明君のわざであり、仁が四海に広まるのは聖王の孝によるものである。

ところで仏教の経典には、「識体(しきたい)（心の主体）が六道に輪廻するゆえに、すべての衆生が自分の父母でないことはない。識体は迷いの世界に生死をくりかえすゆえに、誰に怨があり、誰は親しいなどと区別することもできない」と説かれている。また、「無明が智慧の眼を覆って生死のなかを往来させている。その間に多くの業を造り、誰もがたがいに、親となったり子となったりしている。何時の日か怨んだ相手と何時の日にかは親しくなり、何時か親しんだ相手を、何時かは怨むのである」と説かれている。それゆえに、沙門は世俗を捨てて真実におもむくのである。すべての生きものを自分の親とあがめるのである。世俗の栄誉を捨てて道を求めるのである。生きとし生けるものを、自分の親と同じように接するのである。〈あまねく正しい心のままに行ない、あまねく親しむ心を等し

くする〉

また、仏道は清らかな空虚を尊ぶのに、道教では恩愛を重視している。仏法は平等を尊ぶのに、道教では怨親の情を差しはさもうとする。それらがどうして惑いでないことがあろう。勢力を競うがために親愛を忘れてしまうことがあるというのは、『史書』に明らかである。*斉の桓公も*楚の穆王も、かかる類いの人びとである。こういう論旨でもって仏道の聖者を謗ろうとすることが、どうして誤りでないことがあろう。これが、道教の劣ることを証明する第十点である。〈中略〉

伏羲と女媧の二皇帝が国を治め教化するために、〈『須弥四域経』に「応声菩薩を伏羲とし、吉祥菩薩を女媧とする」とある〉淳朴な世の初めに現われ出た。また老子、孔子、顔回は教えを立てて、〈『空寂所問経』に「迦葉菩薩を老子とし、儒童菩薩を孔子とし、光浄菩薩を顔回とする」とある〉すでに濁った末世に道を起こした。黄帝と老子は、自己を虚しくして無為自然と一になる、深遠なる道の教えを盛んに説いた。周公と孔子は、詩・書・礼・楽の文芸の教えをたかめた。謙虚の意義を明らかにし、質素を守ることが聖人の域にのぼる階梯であり、天命を畏れ、大人を畏れ、聖人の言を畏れる三畏や、仁・義・礼・智・信の五常を守ることは、人間や天人に生まれ出るためのものであると説いた。すべて、はからずも仏教の教理にかなっている。しかし真実をつまびらかにし、究極を語っているものではない。聾唖者に道を尋ねたところで、方角は教えられたとしても、遠近を知ることができないのに似ている。川の渡れる場所を兎や馬に尋ねたところで、川を渡ることは知っていても、深さは知らないことにも似ている。

これによって意見を述べれば、殷や周の時代は、仏教が行なわれるためにふさわしくなかった。燃えあがり、輝やく太陽を童子が正視できないことにも、奮(ふる)いうつ雷鳴を、臆病者が耳をそばだてて聞くことができないことにも似ている。それゆえに、河や池の水が湧きあがるのを見て、昭王は神（釈尊）が生まれたのではないかと怖れ、雲や虹の色が変わるのを見て、穆(ぼく)王の后は聖（釈尊）が入滅したと思って喜んだのであった。《『周書記』に「昭王の治世二十四年四月八日に河や泉の水がことごとくふくれあがり、穆王治世五十二年二月十五日に暴風が起こって樹木が折れ、天は曇り雲は暗く、白い虹が出るという怪があった」とある》そのような時代に、どうして葱嶺(そうれい)の河をこえて仏教の教えにふれ、雲嶺（ヒマラヤ）をこえて誠実に求道するものが現われ出よう。『維摩経』には、「盲人が日や月に会っても見えないのは、日や月に罪がない」と説かれている。こまかく論議をきわめようとしたところで、おそらくは汝の*混沌たる性をそこなうだけであろう。仏教は汝には知りがたい。これが汝の盲目を示す第一点である。

仏像や堂塔を建造することについての、仏教側の指摘の第二は次のとおりである。

後漢の明帝の時代より以下、斉や梁の時代が終わるまで、国王や太公や州知事や官吏や在家の男女の仏教徒や比丘や比丘尼で、ひそかに仏の心を感得し、国に奇瑞を見た者がおおよそ二百余人いた。仏の足跡を万山に見たり、輝やく仏像が滬瀆（こどく）の川面に浮かび出るのを見たり、清冷台に安置された仏像に満月を見たり、洛陽の西門雍門（ようもん）の外に仏塔の影を見ることにもなった。南平王は奇瑞ある仏像を拝して感応を得、文宣帝は釈尊の歯が渡来する前にそれを夢に見た。斉の太祖蕭王（そうおう）は『法華経』を写経し『般若経』を読誦していたゆえに、仏像の鋳造を一度でなしとげ、宋の大宗皇帝は四度も鋳造をくわだてて成功しなかった。このような例はきわめて多く、つぶさに述べることはできない。どうして汝の眼に見えぬゆえに、このような霊威を否定できよう。

しかも、すべての徳をそなえているものを「涅槃」と言うのである。すべての道に通じているものを「菩提」と名づけるのである。あまねく智慧を修めているものを「仏陀」と称するのである。これらの漢語でもって、かの梵語（サンスクリット）を訳してみれば、双方で言う仏を明らかに信じることができる。何をもってこれを明らかにすることができるかと言えば、「仏陀」を漢語では「大覚」と言い、「菩提」を漢語では「大道」と言い、「涅槃」を漢語では「無為」と言うゆえである。ところで汝は、つねに菩提の地を踏んでいて、大道が菩提の別名であることを知らない。体は大覚の境地を受けていながら、大覚が仏陀の訳名であることを教わっていない。それゆえに荘子は、「大覚があれば、そののちにその大夢を知る」と説き、郭象（かくしょう）はこれに註して、「覚は聖人である。上の言葉の意味は、心に愁いがあればすべてが夢である、ということである」と説いているのである。郭象の註はまた、「孔子とその弟子の子游（しゆう）とは、いまだ言葉を忘れて、心身そのものにおいて悟ることができなかった。それゆえに大覚ではない」と説いている。世の君子は、「孔子の教えはここが限界である」と言っている。

涅槃は識（こころ）で悟ることができず、智慧で知ることもできない。すなわち言葉は絶えて、しかも心の働きも滅び去っているのである。それゆえに「言葉を忘れる」というのである。仏の法身とは、法身・般若・解脱の三つの仏の徳と、常・楽・我・浄という涅槃の四つの徳の成就したものである。ただ静かであって、何ものにもわずらわされていない。それゆえに解脱と言うのである。それを心身で悟れば、愁いは治まるのである。孔子は聖人であったとはいえ、その功績は仏にはるかに及ばない。何んとなれば、前漢の劉向（りゅうきょう）の『古旧二録』をさぐれば、「仏教が中国に伝わって一百五十年ののちに、老子が五千文（ぶん）（『老子経』）を説いている。しかし荘子も老子も仏経典の所説を見ている。そのことは明らかに知られる」と説かれているゆえである。〈中略〉

*『正法念経』には、次のようにのたまわれている。「人が戒を保たなければ、諸天神の力は減少し、阿修羅の勢いが盛んになる。善龍は力をなくし、悪龍が力を得る。悪龍に力があれば、霜や雹を降らし、時節はずれの暴風雨があって五穀は実らず、疫病が競っておこり、人民は飢えてたがいに殺しあう。もし人が戒を保てば、諸天神も威光を増し、修羅の力はおとろえる。悪龍に力がなく、善龍が力を得る。善龍に力があれば、風雨は時節にしたがい、四季はおだやかである。適度の雨が降って、穀物はゆたかに実る。人民は安楽であって兵火はおさまり、疫病も流行しない」〈中略〉

世の君子は次のように言っている。「道士大霄の『隠書』や『無上真書』などには、〃無上大道君である老子が治めているところは、第五十五重の無極大羅天のうちの玉京の上であって、七宝づくりの台や金の床や玉の机に取り囲まれている。仙童や玉女にかしずかれて三十二天や三界の外に住んでいる〃と説かれている。『神仙五岳の図』を見れば、〃大道天尊である老子は、大玄都、玉光州、金具の郡、天保の県、元明の郷、定志の里の地を治めている。ここは災いの及ばぬところである〃と説いている。『霊書経』は、〃大羅は五億五万五千五百五十五重の天の上天である〃と説いている。また『五岳の図』は、〃都と都である。太上は大道である。道の中の不思議な道であって、明君老子は最も静かに太玄の都にいる〃と説いている。『諸天内音』では、〃天とさまざまな仙人とが楼都の鼓を鳴らし、玉京の朝廷になごやかに集うて老子を楽しませる〃と説いている」

道士玄都観が天子にたてまつった道経の『目録』を調べれば、誰もが、「宋人の陸脩静の編纂列挙したものは一千二百二十八巻である」と言っている。ここには、雑書や諸子（『韓非子』や『孟子』など）の名はもともとふくまれていない。しかし今、道士が列挙したものは二千四十巻ある。その中には多く『漢書芸文志』の目録から取り出して、勝手に八百八十四巻を書き入れて道経の経論としているのである。〈中略〉

＊陶朱について調べれば、これは范蠡のことである。越王勾践に親しく仕え、君臣ことごとく呉に捕えられ、糞をなめ尿を飲むなどのはなはだしい苦労をした。また范蠡の子は斉に殺されている。父に変化の術があったのであれば、どうしてそれを用いて、このような苦難をまぬがれることができなかったのであろう。

『造立天地記』をさぐれば、「老子は幽王の皇后の腹に宿って生まれた」と言われている。すなわち老子は幽王の子である。ところが老子の身分は柱史であった。すなわち幽王の臣でもあるのである。『化胡経』に、「老子は漢の時代に＊東方朔であった」と言われている。もし明らかにそうであったとすれば、幽王が犬戎のために殺されると知っていて、どうして主君である父を愛して神符をあたえ、死なないようにできなかったので

あろう。〈中略〉

先に陸脩静の『目録』についてふれたが、これにはすでに正本がない。何んと誤りのはなはだしいものではないか。脩静の製作した『目録』が、すでに大いなる偽りであり、それにもとづいた玄都観の『目録』は、偽りの中の偽りである。〈中略〉

また、つぎのようにものたまわれている。

『涅槃経』に、「道に九十六種がある。そのうち仏道のみが正道である。その他の九十五種はすべて外道である」と説かれている。朕（梁の武帝）は外道を捨てて如来に仕えている。公卿の中で私の誓いに加わろうとする者は、おのおのが菩薩の心を起こすべきである。老子や周公や孔子などは、如来の弟子として教化を行なっているが、すでに道に外れている。それらは世俗の善である。凡を離れた聖人とすることはできない。公卿・百官・侯家・王族もよろしく偽をひるがえして真につき、邪を捨てて正に入るべきである。それゆえに経の教えを示した『成実論（じょうじつろん）』に、「もし外道に仕える心が重く、仏法にたいする心が軽ければ、これは邪見である。両者にたいする心の比重が等しければ、無記であって善でも悪でもない。もし仏に仕える心が強く、老子に仕える心が少なければ、それはすなわち〃清信〃である。〃清〃というのは、表も裏もともに清く、煩悩のけがれや束縛がすべて尽きていることである。〃信〃は、正を信じて邪（よこしま）でないことであり、それゆえに〝清信の仏弟子〟と言うのである。その他の教えはすべて等しく邪見である。〝清信〟と称することはできない」〈中略〉老子の邪風を捨てて、仏法の真実の教えに入れ、ということである。〈以上抄出〉

光明寺の善導和尚の『法事讃』には、つぎのようにのたまわれている。

上方の世界には、ガンジス河の砂の数ほどの無数の諸仏がおわします
舌相を出して念仏による往生を証明し勧めたもうのは
娑婆の十悪・五逆*なる衆生が多く仏法を疑い謗り
邪を信じ、鬼に仕え、神魔をまつるゆえである

みだりに恩を求め、福を得ようと思っても
かえって災いが多くなる
年中病いの床に伏し
耳は聞こえず、眼は見えず、足は折れ、手はひきつる
邪神に仕えてその報いを受けたのである
何ゆえに外道を捨てて弥陀を念じないのであろう　〈以上〉

天台大師の『*法界次第（ほっかいしだい）』には、つぎのように説かれている。

一つには仏に帰依することである。『涅槃経』に、「仏に帰依する者は、心をひるがえして他のもろもろの外道の天神に帰依してはならぬ」と説かれている。また、「仏に帰依する者は、ついに悪道に堕ちない」と説かれている。二つには法に帰依することである。「大聖の説かれたもの、あるいは教え、あるいは道理に帰依して修習せよ」ということである。三つには僧に帰依することである。「心が迷いを離れて、三乗の教えを正しく修行する人びとに帰依する」ということである。それゆえに『涅槃経』に、「長く心をひるがえして、他のもろもろの外道に帰依してはならぬ」と宣（のたま）われているのである。〈以上〉

*慈雲大師の『楽邦文類』には、つぎのように説かれている。

しかるに神を祀る法は、天竺では「韋陀（いだ）（ベーダ）」、中国では「祀典」と言われている。いまだ世俗を脱しておらず、真実の立場から述べれば、世俗の人を教える仮りの方便である。〈以上〉

高麗の*諦観法師の『天台四教儀』には、つぎのように説かれている。

餓鬼道のことを梵語では闍黎多（じゃれいた）と言う。この道はまた諸方にゆきわたっていて、福徳のある餓鬼は山林や墓地の神となる。福徳のない餓鬼は不浄な所に住み、飲食物を得られず、つねに鞭打たれる。川を埋めたり海をふさぐなどの苦役に使われて、無量の苦を受ける。これらの者は、こびへつらう心の報いであり、下品のものが五逆・十悪の罪を犯したときに、この道に生まれかわる。〈以上〉

*神智法師の『天台四教儀集解』には、右の文章を解釈してつぎように説かれている。

餓鬼道とは、つねに飢えていることを餓と言う。*鬼は帰るということである。『尸子』には、「いにしえは人の死んだことを帰人と名づけている。または天の神を鬼と言い、地の神を祇と言う」〈中略〉と言っている。それらの形は、あるいは人に似、あるいはもろもろの獣に似ている。心が正直でないゆえに「諂誑（へつらいあざむくもの）」と言うのである。

*大智律師の『蘭盂盆経新記』には、つぎのように説かれている。

神は鬼神の意味であり、すべては天上・阿修羅・餓鬼・地獄の四道に収められている。

*戒度律師の『観経扶新論』には、つぎのように説かれている。

魔はすなわち悪道に収められるものである。

*『魔訶止観』の「魔事境」には、つぎのように説かれている。

第二に魔の生じる姿を明らかにすれば、位の高下によらず、すべてを魔と称する。枝葉末節におよんでつまびらかにすれば、三種類に分けられる。一つには坐禅をしている修行者の体を、撫でたりさわったりして焦らださせる魔（慢帳鬼）、二つには時に応じて美女や獣に形を変えて修行者を惑わす魔（時媚鬼）、三つには修行者の感覚や意識を乱し、善を破り悪を増長させる魔（魔羅鬼）である。この三種が生じる姿は、おのおの不同である。

源信和尚は『摩訶止観』にしたがって、『往生要集』につぎのように説かれている。

魔は煩悩によって菩提を妨げる。鬼は病悪を起こして命の根を奪う。〈以上〉

『論語』には、つぎのように説かれている。

季路が、「鬼神に仕えてもよろしいでしょうか」と訊ねると、孔子は、「*仕えてはならぬ。人がどうして鬼神に仕えることができよう」とのたまわれた。〈以上抄出〉

つつしんで思いみれば、今の末法の世に、聖道門のもろもろの教えは廃れつつある。修行の仕方も証りそのものも、はるかな昔に不明のものとなっているのである。いっぽう浄土の真実の教えは、末法の世にこそふさわしい。浄土へ往生することによって証にいたるこの仏門の大道は、いま盛んに人びとを招いている。しかるに諸寺の学徒は教えに昏く、いずれが真の法門であるか仮の法門であるかを判別できない。洛都の儒学者たちは行法に惑っていて、道の邪正を弁別できない。その結果興福寺の学徒が、太上天皇（後鳥羽の院と号す）および今上天皇（土御門の院と号す）の聖暦、承元丁の卯の歳（元年）仲春上旬の候に、専修念仏の停止を奏達するにいたったのである。主上も臣下も、仏法にそむき義に違反して、怒りを発し怨みを結んだ。それによって真宗興隆の太祖源空法師も、数人の門徒も、罪科をかえりみられることもなく、みだりがわしく死罪に処せられるまでにいたった。ある者は僧の姿を改められ、俗名をたまわって遠流に処せられた。私はその一人である。私はもはや僧侶ではなく、俗人でもない。私は以後はそれゆえに、禿の字をもってわが姓とした。師源空と弟子たちは、諸方の辺州に流罪となって五年の歳月をへた。皇帝（佐渡の院）の聖代、建暦辛未のとし（元年）、十一月中旬第七日に勅免をこうむった。師は入洛以後、東山の西方の麓、鳥辺野の北のほとりの大谷にお住まいになった。同二年、壬申正月下旬第五日、午の刻に入滅したもうた。その時にあたって、言うべからざる数うべからざるほどの奇瑞が生じた。このことは『別伝』*に見えている。

私愚禿釈の親鸞は、建仁辛酉の暦（元年）に、雑行を捨てて本願に帰したのであった。私は元久乙の丑のとし（二年）に、師の恩許をえて『選択本願念仏集』を書き写した。同年初夏（四月）中旬第四日に、師はおんみずから筆をとって、私が書写した『選択本願念仏集』の表題の字と、「南無阿弥陀仏往生之業念仏為本（南無阿弥陀仏、往生の業は、念仏をもととす）」という文章と、「釈の*綽空」の字とを書きたもうた。同じ日に、私は師源空の真影をもお預りして模写したてまつった。同二年閏七月下旬第九日、模写した真影の銘は、再びおんみずから筆をとって、「南無阿弥陀仏」と、「若我成仏十方衆生、称我名号下至十声、若不生者不取正覚、彼仏今現在成仏、当知本誓重願不虚、衆生称念必得往生（たとえ私が仏となることができるとしても、全宇宙の衆生が私の名を十度でもとなえることにより、私がつくった国に生まれることができなければ、私は仏にならない。このようにお誓いになった阿弥陀仏は、今現在成仏しておられる。この根本のお誓いと重大なる願いとが偽りでないことを、まさに知るべきである。いかなる衆生であれ、念仏すればかならず極楽に生まれる）」と書きたもうたのであった。また、私が見た聖徳太子の夢の告げにより、私の前名綽空を「善信」に改めていただき、同じ日にみずからのお筆で書きそえられた。師が七十三の御歳のことである。『選択本願念仏集』は、禅定博陸〈*月輪殿兼実、法名円照〉の教命によって選集されたものである。真宗の簡要も、念仏の奥義も、ここにあまねく集められている。見る者は意味を察しやすく、まことに希有至上の文章であり、無上深奥の意味をたたえた宝典である。ただし、師が教えを説きたもうた長年月のあいだに、教化をこうむった人びとは親疎をあわせて幾千幾万もいたとはいえ、この著作を拝見して写すことを許された者はまことに少なかった。しかるに私は、すでにご著作を書き写したばかりか、ご真影までをも写させていただいたのである。これは正定の業たる専修念仏を、ひたすら信じ、ひたすら行じたことの恩徳である。往生浄土が決定していることのしるしである。それゆえに、私は悲喜こもごもの涙をおさえつつ、由来の縁を書き記す。

喜ばしいかな、私は心を阿弥陀仏の弘大なる誓願にもとづく真実の仏地に立て、人智を超絶した教えの海に思念を浮かべている。如来の慈悲を深く知って、師の教えの厚恩をまことに仰いでいる。慶喜の思いはいよいよ激しく、報恩の思いはいよいよ深まる。私はそれゆえに、真実の仏教の中枢を抄出し、浄土の教えの肝要を抜粋したのである。私はただただ仏恩の深いことを思い、人びとの嘲りを恥じない。この書を見聞する者は、この教えに信じ従うことを根本の原因とし、疑い謗ることをも縁として、弥陀の本願力が与えたもう信心をあきらかに獲得し、不思議の果報を、安養の浄土において知るにいたるであろう。

道綽和尚の『安楽集』には、つぎのように説かれている。

私は真実の教えの言葉をあつめて、衆生が往生浄土の利益を得ることを助けよう。なんとなれば、先に往生した者は後をみちびき、後に往生する者は先人の跡を尋ねて、往生の業がつねに続き、絶えることがないことを願うゆえである。限りない生死の海に苦しむ一切衆生を、汲み尽さんがためである。

それゆえに末法の世の僧侶も俗人も、仰いで信じ敬うべきである。よく知るべきである。

『華厳経』の偈に、つぎのように讃えられているとおりである。

仏道修行者がもろもろの修行を見て
あるいは善き共感をいだくとも
あるいは悪しき不信の念をいだくとも
菩薩はもろともに摂取したもう〈以上〉

顕浄土方便化身土文類六末〈浄土の方便化身土をあきらかにする文類〉

解説

信仰の論理と肉化

一　法の深信

信仰なき者の眼には、親鸞が主著『教行信証』に体系化している浄土思想の骨子は、どれほど独創的なものであろうと、推論による形式論理の展開と、不可知論との二つから成り立っているように見える。

もし完全な大乗仏教があるとすれば。

これが、推論の出発点となっている仮定である。「もし私が完全な大乗仏教の仏になることができるとすれば」。阿弥陀仏の前身である法蔵菩薩も、五劫にわたる思惟をかさねて四十八の誓願を立てる前に、このように仮定の推論をつづけたのである。

もしあるとすれば、その教えは、六道を輪廻しつつ苦しみ悩んでいる一切衆生を成仏せしめられるものでなければならないのである。ことを人間界にかぎっても、いかなる仏道修行もできない一切の愚かな悪人をこそ、成仏せしめられる教えでなければならない。ところでしかし、今の生涯において何んらの仏道修行もできないということは、生きているかぎり成仏できないということである。その人の成仏は、当然ながら死後に実現されなければならない。その人は死後に、何処かにある至高の仏教道場に再生しなければならないのである。

大乗、小乗の二仏教を区別するのは、菩薩の有無である。小乗仏教にふくまれる声聞と縁覚は、ともに自己自身の成仏を希求する。それだけで満足する。菩薩はそれにたいし、自身の成仏をあとにして、まず一切衆生を成仏せしめようと希求する。法蔵菩薩もその一人である。一切衆生の成仏を先に希求したのであるが、そのために立てた四十八の誓願と、それを成就するための修行の結果、一切衆生に先んじて成仏し、道場を建立しなければならなかったのである。

親鸞が「証巻」にひく曇鸞の『浄土論註』は、この逆説的な事態を、次のような譬えでもって説明している。

「巧方便」というのは、菩薩が「自分の智慧の火でもって一切衆生の煩悩の草木を焼こう。もし、ただ一人の衆生として成仏しないものがあれば、私は仏にならない」と願をかけられたということである。ところが、衆生がまだことごとく成仏していないのに、菩薩がすでにみずから成仏されたというのは、たとえば火箸でもって一切の草木を摘みとって焼きつくそうとしたのに、草木がいまだ尽きないうちに火箸の方が燃えつきたようなものである。おのれの成仏を衆生済度のあとのこととしつつも、菩薩の行が満足して先んじて仏となられたのである。このようなことを「方便」と名づけるのである。ここで「方便」と言われるのは、願を立てて一切衆生を収めとり、ともに平等にかの安楽仏国に生まれさせるということである。かの仏国は必ずや成仏する道路であり、それゆえに浄土に往生せしめることが、無上の方便である。（第一巻二七一頁）

最後に成仏するはずの菩薩が、衆生を六道に放置したまま成仏してしまう。それは右の一節にも正しく説明されているように、法蔵菩薩が一切衆生を死後に収めとるべき、至高の仏教道場を建設しなければならなかったからである。それは同時に、みずからが至高の仏となってそこに住み、みずからの本願力でもってそこに収めとり、平等に声聞（仏の教えを聞いて成仏する者）に変身せしめた衆生を、親しく指導しなければならないということである。

法蔵菩薩はそれゆえに、四十八誓願の実現のために、数百劫年の長きにわたって、清浄真実心を捧げつくして修行をつづけ、すでに十劫の昔に、至高の仏である阿弥陀仏と成りたもうた。

至高の仏と仏国土とが実現したということは、一切衆生をそこへ収めとるための智慧の光明が、すでに全世界に行き渡っていることを意味する（光明無量の願の実現）。同時に、本願力とも言われるその光明が、未来永劫にわたって働きつづけることをも意味する（寿命無量の願の実現）。しかもその本願力が、一切の愚かな悪人を収めとることができるためには、だれもが服従できる命令になっていなければならないのである。その命令が、弥陀の本願たる第十八願にのたまわれている、「至心信楽、欲生我国、乃至十念」の三句である。親鸞が、みずから服従したこのみ言葉を、独創的に、「私がまごころを籠めて差しだす名号を喜んで受けとれ、私が造った真実報土に生まれようと願え、一度でも十度でも『南無阿弥陀仏』ととなえよ」と、勅命の形に訳した理由は、すでにくり返し説明した。本願力とは、無限の彼方に相かたちもなくおわします阿弥陀仏が、限りない智慧と慈悲とをこめて一切衆生に廻向したもうておられるこの勅命となって、私たち人間の眼に見えているものである。「ただ一度でも南無阿弥陀仏ととなえよ。私のもとへ再生するためには、それだけでよい」というのは、服従して実行するために、これ以上容易なものはない(易行)命令である。服従する前提として、阿弥陀仏がこの名号を私たちに廻向してくだされている慈悲の意味をよく知り、私たちが真実報土に収めとられれば、かならず成仏できること(必至滅度)を信じなければならないとしても。「南無」とは帰命であり、親鸞の真意によれば、「勅命に帰属する」という意志表示である。「阿弥陀仏」という言葉は、このみ仏の、私たちへの慈悲の廻向(差しむけ)である。

親鸞が、伝統的にはともに尊重されてきた「浄土三部経」のうち、『大無量寿経』(以下『大経』と略称)のみを、「これが真実の教えであり、浄土の真の教えである」(「教巻」、第一巻一四頁)と確信したのは、そこにこの弥陀の本願と、その成就とが、教主釈尊によって確言されているからである。

この経の大意は、一つには阿弥陀仏が世にすぐれた誓願をたてたまい、ひろく仏法の蔵を開いて、凡人や小乗の者たちをあわれみたまい、とくにこの者たちのために功徳の宝を施されたことを説くのである。二つには釈迦如来が世に出でたもうて仏道を説かれ、雑草にも等しい愚かなる衆生を救おうがために、とくに弥陀の慈悲を説いて真実の利益を与えようとされたことを説くのである。それゆえに、阿弥陀仏の本願を説くことをもって、この経典の教えの本意とする。すなわち、「南無阿弥陀仏」の名号をもって、この経典の本体とするのである。(「教巻」一五頁)

『教行信証』は、この結論の呈示からはじまる。つづく「行巻」の巻頭に掲げられるのは、

たとえ私が仏になることができるとしても、全宇宙の無数の仏たちがことごとくほめたたえて私の名をとなえなければ、私は仏にならない。

という、第十七の「諸仏称名の願」である。この願が成就したことにより、全世界におわします恒河沙(ごうがしゃ)の数ほどの仏たちもことごとく、大乗仏教至高の仏である阿弥陀仏の智慧と慈悲をほめたたえて、「南無阿弥陀仏」ととなえておられる。それはこの称名(口にだしてとなえる)念仏という、誰にでもできる行ないが、至高の仏道修行であることの証明である。私たちが念仏をとなえることは、諸仏とともにとなえることの啓示でもある。

つづく「信巻」の巻頭には、本願たる第十八の「至心信楽の願」が掲げられる。称名念仏のみを往生の条件とするこの誓願にのみ信従することにより、私たちは「浄土往生の定まったもの」、すなわち、「成仏が定まったもの(正定聚)」になるとされるのである。それは称名念仏のみが、正定の業であるゆえである。業とは、未来に果報をもたらす行為である。

つづく「証巻」の巻頭には、

たとえ私が仏となることができるとしても、私がつくった国に住む人間や天人が、定聚（正定聚）の位に住み、必ず悟りを開くことがなければ、私は仏にならない。

という第十一の「必至滅度の願」が掲げられる。私たちは真実報土において、阿弥陀仏のみちびきにより、かならずや滅度（六道輪廻の原因である煩悩が滅びさった状態＝悟り＝証）に至る。ただし、その往生は「難思議往生」であると、親鸞は願名の下に書きくわえる。すでにして不可知論であるが、その意味はあとで説明する。

つづく「真仏土巻」の巻頭に掲げられるのは、前述の、第十二の「光明無量の願」および第十三の「寿命無量の願」である。

つつしんで真実の仏と浄土について考えれば、浄土におわしますみ仏は不可思議光如来である。浄土は無量光明土である。この真実の仏と浄土とは、法蔵菩薩が大いなる慈悲によって起こしたもうた誓願の、果報として実現したもうたものである。それゆえに、真実の報身仏・報土というのである。この真実の報仏土を成就するために法蔵菩薩が起こしたもうた誓願は、「光明無量の願」および「寿命無量の願」である。『大無量寿経』には、つぎのようにのたまわれている。

たとえ私が仏になることができるとしても、もしもその放つ光明に限度があって、百千億以上に及ぶあらゆる諸仏の国を照らすことができないとすれば、私は仏にならない。

また寿命無量の誓願では、つぎのようにのたまわれている。

たとえ私が仏になることができるとしても、その寿命が百千億の劫年をこえる長大なものであっても、限度があって未来永劫に及ぶことができないとすれば、私は仏にならない。
（第二巻八頁以下）

ところで、第三巻の解説で述べたように、極楽浄土には、以上の誓願の成就によって成立している真実報土と、第十九の「至心発願の願」および第二十の「至心廻向の願」の成就によって成立している方便化身土（以下「化身土」と略称）とがあるというのが、親鸞の確信である。それゆえに第十九願を主旨とする『観無量寿経』（以下『観経』と略称）も、第二十願を主旨とする『阿弥陀経』（以下『小経』と略称）も、方便の教えとされる。私はその意味を、本巻解説の後半で、あらためて考えたい。今あらかじめ確認しておきたいのは、第四巻の解説ですでに述べたように、親鸞が右の二願と二経を、真実にたいする方便とおとしめたのは、「三願転入」といわれる、彼自身の切実な求道の結果であったことである。

『教行信証』は以上の、「教」、「行」、「信」、「証」、「真仏土」、「化身土」の六巻によって成りたっている。その骨子の一つは、「もし完全な大乗仏教があるとすれば」という仮定から出発する先験的な推論である。いま一つが、「難思議往生」という言葉が端的に語っている不可知論である。

大智大悲なる阿弥陀仏のみ手によって真実報土が建設され、私たちがそこへ称名念仏という、まことにたやすい手段でもって往生できるとして、この死後の再生は、どのような相(すがた)でありうるのだろう？　私たちが真実報土に再生したとして、生前の自分と死後の自分との同一性が、何によって保証されるのだろう？　肉迫しなければならないのはこの問いであるが、答えは「難思議」であり、不可知である。

まず再生ということについて考えれば、六道輪廻であれ往生浄土であれ、私たちが何ものかに生まれかわることができる第一の根拠は、仏教の場合、私たちが縁によって生滅するばかりの、実体なき、空なる存在であることである。私たちは無明の業縁によって六道を輪廻し、仏の業縁によって浄土へ往生する。そして、私たちが浄土で実現する成仏は「入涅槃」とも言われるのだが、

> 涅槃に入る入らないということの意味は、ただ諸仏の境涯においてのみ知られる。声聞・縁覚・菩薩の智慧でもってすら、うかがい知ることができない。ましてや一般の小人や凡人に、容易に知られることではない。とはいえ、ぜひ知りたいと思うのであれば、あえて仏典をひいて明らかな証拠としよう。意味は『大品経』の「涅槃非化品」のなかに、つぎのように説かれているとおりである。
>
> 仏は須菩提に告げたもうた。「そなたは、どう思うか。もしも幻（化）なる人間が幻なる人間を生むとしよう。生まれでた化なる人間に実体があるであろうか、ないであろうか。虚しいものであろうか、そうでないのであろうか」
>
> 須菩提は、「幻でしかありません。世尊よ」と申しあげた。

仏は須菩提に告げたもうた。「相かたちは幻である。それを感覚したり、感受したり、想像したり、意識したりする心のはたらきもまた幻である」

親鸞は「真仏土巻」（第二巻五〇頁）に、善導の『観経疏』玄義分から、このような空観を引用している。須菩提は「空を解すること第一」と言われ、大乗仏教が起こっていらい尊重されている仏弟子である。釈尊と須菩提との右のような問答が、周知の『般若心経』の、「色即是空」という一句からも察しられるように、仏教究極の存在論である。私たちの存在は、「我・世界」の対立に要約できる。主体と客体が同時に出現しているのだが、いずれも実体なき幻にすぎないというのが仏教の洞察である。何故ならば、形あるもの（色）はすべて滅びるのだから。何時かは滅び、何時でも滅びうる（刹那滅）存在が、恒常不可分の実体ではない（空）ことは、形式論理の上からも明らかである。仏教が出現する以前は、無始よりこの方、実体なき「識体」が、実体なき無明の業縁によって、永劫無限に六道を輪廻し、苦しみ悩んできたのである。無明とは無知であり、「みずから知らざる意志」である。

ところで仏教の経典には、「識体（心の主体）が六道に輪廻するゆえに、すべての衆生が自分の父母でないことはない。識体は迷いの世界に生死をくりかえすゆえに、誰に怨があり、誰は親しいなどと区別することもできない」と説かれている。また、「無明が智慧の眼を覆って生死のなかを往来させている。その間に多くの業を造り、誰もがたがいに、親となったり子となったりしている。何時の日にかは親しくなり、何時か親しんだ相手を、何時かは怨むのである」と説かれている。それゆえに、沙門は世俗を捨てて真実におもむくのである。すべての生きものを自分の親とあがめるのである。世俗の栄誉を捨てて道を求めるのである。（「化身土巻」。第二巻一九二頁）

空なる幻影の六道の輪廻に苦しみ悩む者が、このように真実を、苦からの解脱を、成仏を求める。成仏を求めて、にもかかわらず何んらの仏道も行じがたい哀れな者が、親鸞と同様に往生浄土を願わざるをえないのだが、

問う。無実体なるものには、「往」も「去」もないはずである。にもかかわらず、どうして「往生」と説くのか。

答う。この仮りの世に、仮りの命を生きて五念門を修するとしよう。先の念は後の念の因となる。仮りに穢土に生まれたものが、五念門を修したことによって仮りに浄土に生まれるのであるが、両者は同一であるとも、異なっているとも決定できないのである。前の心とその後に起こる心の関係も同様である。何故かといえば、もし同一であれば因果の関係はないのである。もし異なっておれば連続していることにはならない。

親鸞が「行巻」（第一巻四六頁以下）に引用している『浄土論註』のこの答えが、「難思議」という一語にも要約できる親鸞自身の答えである。私が傍点をふった箇所に注意してほしい。「五念門」というのは、第一巻四十二頁の語註にあるように、往生浄土のための、礼拝・讃嘆・作願・観察・廻向の五つの修行である。本願が命じている称名念仏は、このうちの讃嘆（口で阿弥陀仏を

たたえる）および作願（心で浄土に生まれようと願う）の一種である。この一事によってこそ真実報土に往生できるというのが親鸞の確信であるが、これは当面の問題ではない。ここに断言されているのは、私たちは弥陀の本願に信従することにより、幻影の穢土から幻影の浄土に往生するのであるが、生前の自分と死後の自分との同一性は、非決定であるということである。同一性を承知しておられるのはみ仏のみであり、私たちに、とやかく言いうることではない、ということである。

生前と死後だけではない。私たちの心（識体）は、主として貪・瞋・痴という煩悩の生滅により、刻々に動揺し変化している。その刻々の推移においても、自己同一性が有るとも無いとも言えないと、仏教は主張するのである。これは刹那滅（存在する一切のものは、刹那に生滅をくり返している）という重要な認識の帰結である。そこにおいて自己同一性が保持されているかどうかという切実な問題の答えであるが、今は煩瑣な形而上学的論議の内部に立ち入るまい。大事なのは、それが非決定であり、不可知であるという結論である。右にも言われているように、空なる識体に何らかの自己同一性が保たれていなければ、業の輪廻はありえない。しかし、自己同一性が保たれつづけるのであれば、私たちが本願力によって業の輪廻を切断され、往生浄土して声聞に変身し、成仏することもありえないのである。無明の縁起も仏道の縁起も、何ものかへの変身である。ところで、同一であれば変化はない。しかし、同一でなければ、種子が樹木になるように、変化とも言えないのである。右の引用文の最後は、この言語表現の矛盾を衝いている。

総じて言って、「穢土における私」と「浄土における私」との同一性のごときは、有限なる私たちの思考によって、確認できる事柄ではない。しかし、同一でないとすれば、たとえば生前の記憶が死後にも保持されていないとすれば、往生ということに何んの意味があるだろう？ はたまた輪廻ということにも、何んの意味があるのだろう？ 私たちが悪業によって地獄に堕ちるとしても、私が生前に悪業をおかしたという記憶がなければ、どうして悔恨が生じるだろう？ おなじ自己同一性がなければ、仏教が説く「業の輪廻からの解脱」という究極の理想にも、何んの意味があるのだろう？

浄土思想の骨子の一つともなっている不可知論は、このように、仏教ないしは本願そのものにたいする懐疑という、ニヒリズムを招来せざるをえない。

私は本巻の「まえがき」に、親鸞が「信巻」の後半部にながながと引用している『涅槃経』の一節を紹介した。そこに説かれている、「空相を知らぬものは無明の業の果報を受け、知っているものは受けない」という釈尊の教示も、信なき者の眼には、ニヒリスティックな不可知論と見える。同所に引用されている『涅槃経』は、同様のニヒリズムに満ちていると見えるのである。

ニヒリズムの一つは、言葉が濫用されて、意味不明の文章となっていることである。たとえば次のように。

〝阿闍〟とは、不生という意味である。〝世〟とは怨のことを言う。仏性を生じない（不生）ゆえに、煩悩のあだが生じるのである。煩悩のあだが生じるがゆえに、仏性を見ないのである。煩悩を生じなければ、仏性を見るのである。仏性を見るゆえに、大いなる涅槃に安住することができるのである。これをまた不生と名づけるのである。それゆえに、〝阿闍世(あじゃせ)〟と名づけるのである。善男子よ、〝阿闍〟とは不生ということである。不生はまた涅槃ということである。〝世〟とは世俗の事柄をさし、〝ために〟というのは穢(けが)れないということである。世俗の八事に穢されないゆえに、永劫無限の長きにわたって涅槃に入らないのである。それゆえに私は、〝阿闍世のために永劫無限に涅槃に入らない〟と説くのである。善男子よ、如来の秘奥の教えはそなたの思議を絶している。仏も法も僧も同様に思議を絶している。勝れた菩薩たちも思議を絶している。いま私が説く『大槃涅槃経』もまた思議を絶している」

（二〇七頁）

私自身、このような言葉から、「実相を知ったゆえに、三界に住む衆生の虚妄の相を知るのである。衆生の虚妄を知れば、真実の慈悲が生じるのである」（『証巻』二六九頁）という大乗のみ仏の聖なる姿を、いささかは感得できる。とはいえ、この「阿闍世」のように、存在の実相を知りたもう釈尊の恣意によって、「煩悩」とも「仏性」とも両義的に定義される言葉は、私たちの思考によって追求できない。「不生」とは仏性を生じないことであり、仏性そのものも「不生」であり、それゆえに、このように説きたもう釈尊も、不生として生まれているといった主張は、まさしく思議を絶している。これは体得しなければならぬ聖語である。「色即是空」ということも、私のように形式論理で理解しただけでは、釈尊のように知ったことにはならない。そして、体得するためには、籠山時代の親鸞のように、「言葉から入って言葉を離れ、意識から入って意識を離れる」(「真仏土巻」五九頁)沈黙の行を、みずからが実践しなければならない。「涅槃は識で悟ることができず、智慧で知ることもできない。すなわち言葉は絶えて、しかも心の働きも滅び去っているのである」(「化身土巻」一九五頁)とはいえ、その沈黙の言表が、信なき者にはあいまいであって、どうにでも解釈できるというニヒリズムにおち入らせる。言葉をもってする人間の思考が、無意味と化していて、しかも真理が、言葉でもって説かれているのである。

ニヒリズムの今ひとつの現われは、道徳律の崩壊である。仏教の道徳律の一つは、善因善果、要因悪果という業の輪廻である。悪行者は地獄その他の悪なる境界に生まれかわる。善行者はその果報によってふたたび人間か、さらに幸せな天人に生まれかわる。それゆえに「諸悪莫作、衆善奉行(もろもろの悪を作すなかれ、もろもろの善を行ない奉れ)」と言われるのだが、父王頻婆沙羅を幽閉して餓死せしめた阿闍世の悪行は、釈尊の次のような論法によっても、地獄堕ちの罰に問われないとされるのである。

王の仰せのとおり父の王に罪がなかったのであれば、どうして殺されるという報いを受けたのであろうか。罪があるゆえに罪報を受けるのである。悪業がなければ罪報はないのである。そなたの父先王に罪がなければ、どうして罪の報いがあろう。頻婆沙羅は現世において善と悪の果報を得たのである。それゆえに先王の報いは、善とも悪とも決められないのである。報いが善いとも悪いとも決められないのであれば、先王を殺した罪の報いもまた、善と

も悪とも決められない。そうであるならば、何ゆえに〝必ず地獄に入る〟と言いうるのであろうか。(「信巻」二一二頁以下)

善因は善果を生み、悪因は悪果を生むのである。仏教のこの道徳律はしかし、ユダヤ教やキリスト教やイスラム教のそれのように、神が定めた律法ではない。善なる神の行為ではなく、無明の縁起であって、それ自体は善でも悪でもない。頻婆沙羅は生前に善行と悪行を為し、その結果、すでに生前に、一方では国王となり、一方では幽閉されて餓死するという、善と悪の果報を得た。だとすれば、それに手を籍しただけの阿闍世の行為は、無明そのもののように、善とも悪とも決められないと釈尊は説くのである。

では私たち人間は、外見の悪行が、加害者に悪果をもたらす業縁をつくるのか、それとも、被害者に悪果をもたらしただけの、善悪非決定の行為であるかを、どうして知りうるのだろう？それを知ろしめすのは、ふたたび、空を知りたもうて不生なる仏のみである。私たちは親鸞が『歎異抄』のあとがきで語っているように、「善悪の二(ふたつ)、惣じてもて存知せざるなり」という、道徳律の無知というニヒリズムにおち入らざるをえない。言葉の虚しさを知って善悪を知らぬ者の眼に、飢饉と戦乱がうちつづき、悪因が善果を生み、善因が悪果を生んでいるような、惨憺たる悪世界が映っているのである。

信仰なき者の眼には、浄土思想はこのように、自分にニヒリズムをもたらすばかりの、架空の形式論理と不可知論との合成と見える。そして私にはこのニヒリズムが、法然の教えを受けて本願に入信する以前の、親鸞の境涯であったと見える。理性的な知によっては、浄土思想はニヒリスティックなものでしかないのである。しかし、信知（信を通じて得られる知）によっては、釈尊が『大経』に説きたもう浄土教が、絶対の真理と見えるのである。確信されるその真理は、もはや論証できるものではない。それは次のように神話的な、文学的な表現によって説き明かされるのみである。

今日、世尊は奇特な相をしておられる。今日、世雄は仏の境地に安住しておられる。今日、世眼は人びとを教え導く者の行為をしておられる。今日、世英は最も勝れた仏道のなかにおられる。今日、天尊は如来の徳を行じておられる。過去、未来、現在のみ仏たちは、み仏とみ仏とのあいだで意を通じておられる。それゆえに、今この釈迦牟尼仏も、もろもろのみ仏たちと意を通じておられぬはずはない。そうでなければ、どうしてこのような威神の光を放ちたもうことがあろう。（「教巻」一五頁）

これは霊鷲山において『大経』を説きたもうにさいしての、相かたちなき真如より出で来たりたもうた釈尊の姿である。『大経』が浄土真実の教えであり、大乗仏教至高の教えであることの親鸞の証明は、『大経』からのこの引用に尽きている。

私は仏の直弟子阿難のこの讃嘆を読むと、若き日の親鸞が比叡山において『観経』方便の教えに迷ってニヒリズムにおち入り、六角堂に百日間参籠して救世観音の夢告をえたあと、さらに百日間吉水の法然のもとに通って選択本願の教えを受けていた間に、しだいに見えてきた本師の姿を連想する。

親鸞は、『大経』ないしは弥陀の本願に、直接帰依したのではない。みずから本願に帰依して、本願の念仏の行と信によって、この「五濁の世、無仏の時」において、究極の安心を体現している本師法然をまのあたりみ、その口から醇々と語られる『選択本願念仏集』に帰依したのである。親鸞が仰ぎ見るその時の法然は、阿難が仰ぎ見た『大経』説法時の釈尊と同様に、光顔巍々としていたにちがいない。釈尊の場合はみずからが智慧の光明を放ちたまい、親鸞が勢至菩薩の化身とみた法然の場合は、阿弥陀仏が生死の彼岸より全世界に放ちたもう光明に、自障自蔽もなく照らされていたという相違があったとしても。

信仰が、言葉によってのみ確立することはまれである。聖なる言葉を語る者の、全身に現われでている安心の姿が、見る者におのずから信をうながし、同じ安心の境涯にいたるための、行へとうながすのが一般である。

> まことに知られる。弥陀の功徳の満ちるみ名という慈父がおいでにならなければ、浄土に生まれる直接の原因が欠けることになろう。弥陀の智慧の光明という悲母がおいでにならなければ、往生する間接の縁から離れてしまうであろう。直接の因と間接の縁が和合していなければならないのであるが、しかし信心という、往生する主体（業識）がなければ、光明の浄土にいたることはない。（「行巻」八七頁）

私はこのような親鸞の確信の、「まことに知られる」という信知の背後にも、法然の姿を連想せざるをえない。

阿耨多羅三藐三菩提を得るのは、信心を原因とする。菩提を得る原因は無数であるとはいえ、もし信心を説けば、それで一切が摂めつくされる。(「信巻」一五五頁)

信は悟りをひらくための根本である。(同一五六頁)

前者は『涅槃経』の、後者は『華厳経』の言葉である。信心を獲得した親鸞は、このように信を讃えて信楽する。その眼前にはつねに法然がいたのであり、法然対親鸞の関係が、釈尊対阿難の関係を連想せしめたと私には見える。私にはそして、「信は悟りをひらくための根本である」につづく、

功徳の母である。一切のもろもろの善を生長させ養う。疑いの網を断ち切り、愛欲の執着の流れから救い出し、涅槃にいたる無上の仏道を開示する。信には垢や濁りの心がない。清浄であって憍慢心を滅除する。恭敬心の根本である。また、あらゆる功徳のなかの第一の財宝とする。清浄なる手となって、もろもろの修行を受け入れ実践する。信は何であれよく他人に恵み施して、惜しむことがない。信はよく歓喜して仏法のなかに入る。信はよく智慧と功徳とを増大する。信はよく必ず如来の境地にいたる。信はもろもろの感覚を清浄にし、鋭利にする。信の力が堅固であれば、壊れることはない。信はよく長く煩悩の根本を滅ぼす。信はよくもっぱら仏の功徳に向わせる。信は何ものにあっても執着することがない。もろもろの難を遠く離れて無難の境地を得させる。信はよくもろもろの魔道を超出して、無上の解

脱を示現する。

といった讃辞を読むと、「釈尊対阿難」の関係が、「菩提達磨対神光慧可」や「永平道元対孤雲懐弉」などという、禅の師弟の関係にも見えてくる。

慧可や懐弉といった禅宗の弟子にとって、信とは具体的な体験であった。眼の前に、釈尊とあい似ておのれの煩悩を断滅せしめ、永遠の安楽を実現している師家がおわしますからである。そのお方は釈尊と同様言葉でもって弟子をみちびきつつ、しかも、言葉を離れ意識を離れて、みずからが実現した「大死一番、絶後に蘇る」境涯へみちびくのである。その大死一番とは、生の此岸にあって、死の彼岸における自己同一性をくよくよと考えたりしているおのれの自意識を、粉砕せよという勅命である。大死一番したあと、絶後に蘇って自己同一性を再現できるかどうかは、事前において問題ではない。ただ、事後において、煩悩の苦楽を滅尽せしめ、もはや貪・瞋・痴が生起することはなく、「常楽我浄」を実現したお方が眼の前におわします。弟子はその姿を見て、「不生の存在」がまのあたりに信じられ、おなじ境涯にいたるための修行にはげもうとするのである。

信とはそのように、仏教の起源においては具体的なものであった。阿難もまた釈尊を見て、無明の縁起による人間界に、「生まれるはずのないものが生まれている」という、言葉にすれば矛盾でしかない出来事を信じたのである。思議を絶する事柄が、見られたゆえに信じられたのである。

それはしかし、「五濁の世、無仏の時」に生まれた親鸞には、見るあたわざるものであった。

彼は事実、比叡山において大死一番する常行三昧行を敢行し、第十九願に予言されてある阿弥陀仏を見ようとして見えなかった。見えないものが信じられるはずはないのであるが、しかし親鸞は吉水において、無限の彼方に相かたちもなくおわします阿弥陀仏の智慧と慈悲とを抽象的に信じて、禅僧と同様に煩悩に染着されることなく、安心しきって生きている人間を見たのである。親鸞は、

すみやかに生死の迷いを離れようと思えば、二種の勝れた教えのうち、しばらく聖道門をさしおいて、選んで浄土門に入れ。浄土門に入ろうと思えば、阿弥陀仏に対する正行と他の仏に対する雑行の二種類の行のなかで、しばらくもろもろの雑行を投げ捨てて、選んで正行につかれよ。正行を修めようと思えば、念仏をとなえる正業と、その他の読誦や供養などの助業の二業のなかで、なお助業をかたわらにして、選んで正定の業をもっぱら修められよ。「正定の業」というのは、これすなわち仏のみ名をとなえることである。み名をとなえれば、必ず浄土に生まれることができる。仏の本願によるがゆえである。(「行巻」八五頁)

というそのお方の薦めに、自然に、おのずからしかあらしめられて、従わざるをえなかった。

これは『選択本願念仏集』の一文であるが、親鸞はこれを引用する前に、

源空上人の『選択本願念仏集』には、つぎのように説かれている。

南無阿弥陀仏　〈往生の業は念仏を根本とする〉

と、わざわざ書いている。法然の称名念仏を、もう一度耳に聞こうとしているかのように。

二　機の深信

私は第四巻の解説で、親鸞が比叡山で修めたにちがいないと推測している常行三昧行の意味を、いま現に比叡山に住んでいて、この行を満行した方がたの体験談を紹介しながら説明した。私はこれから、親鸞の「三願転入」の意味を再反省するのだが、はじめに、常行三昧行にひとしい命がけの密教的体験を、坐禅というべつの方法で体験した人の談話を紹介し、その意義を検討したい。

その人は永井駿と言って、私が昨年筑摩書房から出版した伝記小説『男あり』の主人公である。いまは主題に関係する事柄だけを紹介すれば、永井氏は明治四十年生まれの外科医であって、岡山医大の学生時代に居士禅を学んだ。そしてその時にすでに、なみすぐれた禅定の結果、常行三昧の行者が眼前に阿弥陀仏を見るような、不思議な存在の変様を体験している。

定とは三昧の別名であって、言葉で簡単にすれば精神統一である。無念無想の状態にいたるまでに精神を統一するのであるが、永井氏によれば、完全な無念無想の状態は一般にありえない。しかし深く定に入ってゆくと、煩悩が生みだす雑念は頭上に去来するばかりであって、それにとらわれたり、こだわったりすることがなくなるという。そして、そのように意識の表面から一段沈んだ状態に入ると、前節の後尾に引用した『華厳経』の一節にあるように、もろもろの感覚が清浄に、また鋭利になるという。

坐禅という常坐三昧によってえられるこの体験は、回峯行という常行三昧によっても得られるものだろう。六十歳にちかい身で毎夜四十キロの峯道をめぐっておられる酒井雄哉氏の場合も、一種無念無想の状態になって、言うなれば人間から獣に帰り、獣のように鋭敏活潑にならなければ、小さな提灯ひとつを手にして闇の中を駆けつづけ、谷を飛び越えたりするすさまじいこの荒行を続行できるものではない。常行堂に籠って歩きながらとなえつづける念仏三昧も、無意識の獣に帰ってゆこうとする精神統一がなければ、一日たりとも続行できるものではない。永井氏の友人である元岡山大学医学部長田中早苗氏の話によれば、獣の脳波は、禅の高僧と同様に安定している。ともに、自意識の散乱がないからである。

ところで永井氏の場合は、言葉を離れ意識を離れた禅定に達すると、時おり、存在が変様して見えてきたという。

その一つは、師家とともに接心にはげんでいた時にあった。ある日、永井氏は墓地を掃除していて、一掃きごとに空の雲をはらっているような、「開けた感じ」がした。氏はたちどころに師家の居室におもむき、自己の見解を表現したのであるが、「君はいま、開悟した釈尊とおなじ状態にいるのだ」と肯われた時、氏は光顔巍々とした師家の頭の背後に、仏像の光背のような、大きな虹色の輪を見たのである。

永井氏はそのころ、弓の稽古にもはげんでいた。試合にでると、小さな的が一メートル以上にも拡大して見えた。だからあたらないほうが不思議であったという、ヘリゲルの『弓と禅』を彷彿させる体験もしている。

さらに極端な存在の変様の体験が、永井氏が戦時中に軍医となってビルマに派遣された途中、マニラ湾外で輸送船が潜水艦の魚雷によって沈められ、嵐の海を漂流していた時にあった。軍医はこの時、マニラから救援に馳せつけた小さな船に、優先的に乗る特権があった。五人の同僚のうち三人までは特権を行使したのだが、氏は他の一人と同様、五千人の衆生とともに苦しもうとした。

舳先の破れたボートにすがっていた時に台風が襲い、波は電柱の三倍ほどの高さにもなった。転覆するボートからくり返し海中に投げだされているうちに、意識は朦朧としてきた。絶望に瀕すると、生きようとする強烈な意志が生じた。永井氏はその時に、坐禅にはげもうとした。するとしかし、危機に瀕した日蓮と同様、今は『観音経』にすがれという、釈尊の薦めを聞いたように思った。阿弥陀仏の脇士であって、慈悲の象徴である観世音菩薩はその時の氏に、天台密教の行者たちが尊崇する、宇宙とともにのた打ちまわっている仏教の守護神不動明王のように思われた。

『観音経』は『般若心経』とともに、坐禅の疲れやすめの経行のさいにとなえていた経典である。氏はその中の、「念彼観音力、波浪不能没（かの観音力を念ずれば、波浪も没することあたわず）、念彼観音力、刀尋段々壊（刀はついで段々に壊われる）」などという、今の自分の救済に必要な偈を、日蓮と同様に絶対に助かると確信しながら口ずさんだ。と、ボートが波の頂点に押しあげられた時に、せまる夕闇の中をこちらへ馳せつけてくる船が、黒点のように見えた。

それから暫くの間の出来事を、永井氏は覚えていない。ボートの上で、結跏趺坐して禅定に入ったからである。ボートはそれからも、何度となく転覆したはずである。氏はそのたびに、猷のように鋭利な反射神経によってボートに戻り、坐禅をつづけたはずである。動顚する宇宙そのものを道場として坐ったその時に、氏ははじめて、揺れに揺れる百尺の竿頭に落ちまいとして懸命にしがみついているような、無念無想の状態に入ったのかもしれない。氏は無意識の状態で、船の接近を待ち、泳ぎつける絶好機を算定していたのである。

一時間ほども坐りつづけていたのだろうか、永井氏は突然、「チャンス、チャンス」という大声を頭上に聞いたのであった。眼をあけると、小さな海防艦が、予想していたように、日没までに泳ぎつきうる至近距離に近づいていた。ばかりか、海は青畳を敷いたように凪いでいたのであった。それは見ていて肌に粟を生じるような、畏るべき存在の変様の体験であった。氏はなめらかな海上を、容易に船まで泳ぎつき、五千人中三十数人の救助者の一人となった。

私はこのような禅者の体験から、阿弥陀仏を見る常行三昧の行者や、釈迦牟尼仏を見る好相の行者の体験を類推したい。いずれも、念力ないしは禅定力という主観の所産にちがいない。注意しなければならないのはしかし、私たちがこのような奇蹟だけを求めて、得られるものではないということである。行者は大死一番して自分を、より正確に言えば、自意識を捨てきらなければならない。荒れている海が凪いで見えたり、見るに見られぬ阿弥陀仏や釈迦牟尼仏が見えたりするという、主観による客観の変様は、願いのあとの、願いさえも忘れはててしまう捨身(しゃしん)行のあとで、実現したりしなかったりする事柄である。(永井氏の遭難時に、ともに助け上げられた三十数人がすべて、氏と同様に願行したわけではない。死んでいった五千人ちかい人びとの中に一人として、氏と同様の、すぐれた求道者がいなかったとも言えない。)

ともかく、私は右のような、主観による客観の変様が、ありうることであると思うのである。しかしながら、それを誇張して、ありえない信仰の現世利益さえもがありうると宣伝してしまう時、密教ないしは仏教そのものが堕落してしまうのである。酒井雄哉氏のようにたぐいまれな天台密教の行者も、時に護摩を焚いて民衆の現世利益を祈願する。忿怒(ふんぬ)の形相でもって動中の静を体現している不動明王のおん前で、家内安全や無病息災その他、煩悩のみちみちる祈願を書いた木切れを数万本も焚きつづけるのだが、私が尊重するのは、祈願が実現しようがしまいが、真言をとなえつつ煩悩の木切れを炎と化せしめる行者の、「熱いだけである」という体験談である。

永井駿氏は右の体験が、仏教の真実の体験であったと確信しておられる。そのこと自体について、門外漢である私に批判の能力はない。氏の求道について今ひとつ紹介したいのは、弥陀の第十九願の実現にも似たこのような禅定の体験が、仏教究極の、開悟の体験ではなかったということである。

臨済禅を学んでいた永井氏が嵐の海で、転覆をくり返すボートの上で透過しようと志した公案は、「一毛大海（一本の毛の中に大海がある）」という、洋上で工夫するのがいかにもふさわしいものであった。この公案は、親鸞が「真仏土巻」に引用する『浄土論註』の中にもある、最古の大乗経典『維摩経』の、次のような言葉から生まれたものである。

　自利と利他とを示現しておられることについては、『浄土論』に略して、かの阿弥陀仏の国土の十七種の荘厳功徳が成就したことが説かれている。如来のご自身の悟りの大功徳力（自利）が成就したことと、他者を利益し悟らしめる功徳（利他）が成就したこととを示したもうのである。「略して」というのは、かの浄土の功徳ははかり知られないものであって、わずかに十七種だけではないことを表わしている。それは『維摩経』に説かれてあるような、須弥山が芥子粒の中に入ったり、毛孔に大海が入るという不思議と同じである。山や海にそのような力があるであろうか。毛穴や芥子粒にそのような力があるというのであろうか。そのような不思議は、すべて仏身が具えている神通力によるものである。（『第二巻』四〇頁）

これが『臨済録』では、「師一日、普化と同に施主家の斉に赴く次で、師問う、毛、巨海を呑み、芥、須弥を納るとは、為是神通妙用なるか、本体如然なるか（仏の神通力によるのか、それとも、存在そのものがもともと、一輪の花が全宇宙を包含しているようなものであるのか）」という、臨済の普化にたいする問いになっている。

矛盾したこの問題が、有限なる人間の思考によって解けるものではない。公案とは、「われ思う、ゆえにわれ在り」とする自意識そのものを粉砕して、定ないしは開悟にいたらしめるための手段である。透過というのは、たとえば一本の毛の中に大海があるという矛盾が、「わかった」という感じである。それはさる禅僧の説明によれば、自分の首が刎ねられて血が噴出する時の、「ドバッ」という感じに似ているという。最古の経典においても、開悟は「頭が落ちる」というふうに表現されている。開悟とはそのような大死一番の自内証であって、それを体験できた者が、師家からその正否を判定される。

　永井氏は嵐の海で「一毛大海」の公案を透過しようとして、存在が変様する定は体験できたが、開悟は体験できなかったという。坐禅に専心していた学生時代に、墓地を掃除していて「開けた感じ」がした時のような、「わかった」という自内証がなかったのである。氏はだから帰国後も、坐禅にはげんでこの公案の透過に努めた。ついにできたのは、十八年後、手術不可能の肺結核を病んで入院し、先の田中氏から、治癒不可能を告げられた時であった。氏はその時に、洋上の遭難時以上の絶望におち入った。それは、入院中もつづけていた坐禅をすら、断念してしまうほどの絶望であった。自分は間もなく死ぬのであり、ついに開悟にいたれないという絶望であるが、ところが、あきらめて熟睡してしまった翌朝に、氏は突然開悟したのである。病院のとなりの、学校のへりのポプラ並木が朝陽にかがやいている姿を見た時であったが、それは、

「つまり、銀杏の木が、真黄色に立っている。見たときには、ほんとうに自分がなくなったのですな。銀杏だけが映っている。ちょうどレンズで銀杏だけを見たような。見ておる自分はなくな

っている。そういう気持ちですな。何といったらいいか、すっかり解放された気持ちでしょうな」

という、臨済禅の師家山田無文氏の体験にも似ている（「願いは限りなく」春秋社刊、同氏古稀記念集『花さまざま』所収）。永井氏も同様に、この時に、みずから道破したように、「天地一枚、我無し亦病無し」ということがわかったのである。開悟とはそのように、存在の変様の体験ではなかった。禅定が、百尺の竿頭にしがみついているような極度の集中によって得られるものであるとすれば、開悟のほうは、百尺の竿頭から一挙に墜落してゆくような、放下によって得られるものであった。その時に、あるがままの自然が、自意識によって濁らされることも、禅定力によって変様することもなく、あるがままに見えたのである。そして、この純粋な大悟徹底の時に、同時に、何ものかに抑圧されていた生命力がふいに解放されたかのように、氏の肺をすでに三分の二まで蝕んでいた結核菌が、急速に絶滅していったのであった。昭和三十七年七月、氏の五十四歳のときの体験である。その時の氏は、たとえ自分が、このまま死んでしまおうと、生きつづけられようと、「無で有った」。

私は、『観経』方便の教えに迷ったすえに、法然の教える弥陀の本願に帰依した親鸞の心境を思うと、このようになみすぐれた自力聖道の求道者の体験をも、対比してかえりみざるをえない。親鸞は、自分を死のまぎわに追いつめる常行三昧を行じて、おそらく阿弥陀仏を見なかった。命がけの定善行を行じて、学生時代の永井氏ほどの存在の変様をすら体験できなかったかもしれない。しかし、親鸞がなみすぐれた霊能者であって定を体験でき、あるいは開悟を体験できたところで、やはり弥陀の本願他力の廻向に帰命したのではなかっただろうか？　私はそのように考える。何故ならば、この世界の一部にすぐれた霊能者がわずかにいて、わずかな自他を救うことができたところで、それは、何んらの仏道修行もできない愚痴無智の悪人をこそ救おうとする、大乗仏教の理念の実現にはならないからである。

私は、今の世にも存在している自力聖道の偉人たちから、学ぶところが多い。私が永井駿氏の依頼に応じて『男あり』を書いたのも、氏にたいする敬意のなせるわざである。ここに紹介した永井氏の二つの体験に、おそらく非合理的・迷信的な要素はない。すべてが精神医学によって、合理的に解明できる体験である。永井氏と私がこの本を出版した意図も、精神医学界や心身医学界にたいする問題提起にある。禅定や開悟それ自体は、思考ないしは自意識の粉砕の体験である。とはいえ、その体験それ自体は、研究の対象になりうる。「法はすなわち、法によって生きる僧となって無常の世に出現する。そのゆえにすなわち僧は、因縁を超越している無為である」。私は在家の永井氏の姿から、親鸞が「真仏土巻」十八頁に引用する『涅槃経』の、このような一節をも連想する。解脱とは、眼にみえぬ事柄である。眼にみえる永井氏の心身も、やがては無常なる因果の道理によって滅びてゆくものである。しかし恒常・無為・不生なる解脱にいたる法は、永井氏の生き方に厳然と示されていると思うのである。

しかしながら、永井氏や酒井氏などが、なみすぐれた意志力や求道心の持ち主であることもまちがいはない。私はわずかながら秀れた自力の仏教者と会って、この人たちはまず第一に、何ごとかを一途に信じられる、一途さの持ち主であることを知った。一途であるゆえに師の導きに信従して、死の恐怖をも突破して求道できるのである。ところでしかし、そのような阿羅漢のあつまりである禅宗も天台宗も、大乗仏教ではあるが、『涅槃経』において阿闍世に説法する釈尊のように、五逆・謗法（ほうぼう）・一闡提（いっせんだい）（仏道に無関心な者）をこそ成仏せしめようとするのが大乗仏教であるとすれば、むしろ小乗である。

私は秀れた自力聖道の人を見ると、「五濁の世、無仏の時」の悲惨に耐えかねて、禅宗から浄土宗へと、法衣を更えようとした一休宗純の心境を思わざるをえない（拙著『現代人と救い』筑摩書房刊、同名の巻頭論文参照）。それは寛正二年（一四六一）、一休が六十八歳の年のことである。日本はこのころ、人口の半ばまでが死に絶えたほどの飢饉に見舞われていた。一休は、都を流れる加茂の河原をも、八万を優に越える死体が埋めていったその惨状を見かね、自分だけが大悟徹底することの無意味さを慚愧し、衆生とともに念仏して、死後の往生浄土を願おうとしたのである。一休はその時に、「予ハ今衣ヲ更エテ浄土宗ニ入ル」と宣言し、「離却禅門最上乗、更衣浄土一宗僧（最上の教えである禅門を離れ、浄土一宗の僧に衣を更える）」云々という偈をつくった。一休はその時、法然がおそらく親鸞に説いたような、「そなたが定を修行したのは善いことであった。阿弥陀仏にまみえるという存在の変様を体験できなかったとしても、できたとしても、いずれにしろ善いことであった。定からさらに開悟を体験できたとしても、できなかったとしても、いずれにしろ善いことであった。そなたはかかる自力の行を行じたがゆえに、それが自己自身の救済のみを求める、小乗の行にほかならなかったことを、深く自覚できたからである。そのことを深く自覚できたがゆえに、そなたは禅僧も志している『衆生無辺誓願度（衆生がどれほど多かろうと、私はすべてを解脱せしめる）』という大乗仏教の誓願を、深く自覚できたのである。この誓願は、弥陀の本願以外のものではない。弥陀はそなたを本願に正しく入信させるためにこそ、親切にも樹立された方便の第十九願に、まずそなたを入信せしめられたのである」といった言葉を聞かなかっただろうか。

ちなみに、蓮如は一休より二十二歳年少であって、この破局の年に四十六歳であった。浄土僧の中には、加茂の河原に遺棄された屍の追善供養のために、念仏をとなえながら、一体ずつの胸に小さな板ぎれの卒塔婆を供えていった者もいた。あるいは衣を更えた一休もそれに参加し、念仏をとなえながら悪臭をはなつ屍を訪ねまわって、自力聖道の仏教がさだめる不浄観を、あらためて行じたかもしれない。蓮如はしかし、祖師親鸞と同様に、かかる自力の念仏行（諸行往生）を行じなかった。第五巻の解説で述べたように、念仏が自分の善行であってこそ、他人に廻向して、彼らを往生浄土せしめるよすがにできるかもしれない。しかしながら、本願の称名念仏は、阿弥陀仏の大行であり善行である。これをとなえた者を往生浄土せしめたもうのは、ただただ阿弥陀仏の行為であるゆえに、私たちが念仏を、他人に廻向することはありえない。私たちにありうるのは、自分が本願他力の勅命に服従して、弥陀の廻向にあずかるかあずからないかという、主体的な一事である。

蓮如は親鸞と同様に、そのように信知していた。彼は祖師と同様に、本願に信従した者は、その根拠となっている完全な大乗仏教の理念に従い、おのれの成仏をあとにして、一切衆生の成仏を先にしなければならないことをも知っていた。真実報土に往生した者は、曇鸞が「真仏土巻」三十八頁以下の引用文で説いているように、阿弥陀仏の声聞となってこの大乗の教えを聞き、もはや自分だけの「入涅槃」を願わず、菩薩となってこの世に帰ってくるのである（還相廻向）。浄土に往生できた者は、次に示す第二十二の「還相廻向の願」が成就していることによって、阿弥陀仏の意志によって、穢土へ帰らしめられるのである。

> もし私が仏となることができれば、他方の仏国土に住む菩薩たちが、私が造った国に来生すれば、仏道を究めさせてかならず一生補処にいたらしめる。ただし菩薩たちが、みずから衆生を教化しようとする本願をいだいて、弘大なる誓いの鎧を着て徳の本を積み、一切を度脱したあとで諸仏の国を遊行し、菩薩の行を修めて、全宇宙の諸仏如来を供養し、恒河沙にひとしい無数の衆生を開化して、無上正真の道を立たしめようとするのであれば、そのものたちは除く。一生補処の菩薩たちは通常の菩薩たちを超え出、菩薩の初地から十地までのさまざまな境位を即座に実現してしまい、最高の働きである普賢菩薩と同様の利他行を習い修めることであろう。もしこの願が成就しなければ、私は仏にならない。（行巻九五頁）

普賢菩薩は釈迦牟尼仏の脇士であって、観世音菩薩と同様に慈悲の象徴である。親鸞や蓮如は、この願意を知って、往生浄土の事前に観世音菩薩や普賢菩薩の慈悲をまなび、「自信教人信（みずから信じ、人に教えて信ぜしむ）」という還相廻向の倫理を生きた人びとである。ただしその廻向ないし倫理は、単なる称名念仏の薦めであり、弥陀の本願の真意を知らせることのみである。浄土の真宗の信者は、「諸悪莫作・衆善奉行」などという、煩悩具足の凡夫にできるはずもないことを、私たちに薦めない。親鸞や蓮如が通常の善を行なうことがあるとしても、それは煩悩の恣意であり、遊戯にすぎないのである。彼らは、煩悩の毒のまざる善行が、往生浄土の原因になるというおこがましい主張を、断乎として排除する。そして、そのように善悪にこだわらぬ、人間の行為の全面否定が、真宗信者の一種の捨身であり放下であり、自由の実現である。

第十九願ないしは『観経』の諸行往生と、第十八願ないしは『大経』の他力念仏との相違を見分けることはたやすい。しかし後者と、第二十願ないしは『小経』の、「他力の中の自力」念仏行との異同をわきまえることはむつかしい。両者はともに、称名念仏のみを往生浄土の行と定めているからである。行為は同一でありながら、弥陀の本意にかなうかかなわぬかの、心の持ち方の相違によって、ある者は真実報土へ、ある者は疑城胎宮へ往生してしまうと、親鸞は断言するのである。その心の持ち方が、具体的にどうすればわかるというのだろう？　いま説明した蓮如の場合のように、念仏を他人に廻向しないなどという、外見の行為に現われる心境はわかりやすい。しかし、本願他力の念仏者の信仰は、常に眼に見えるものではない。眼に見えるのはむしろ、一心不乱に念仏したりする、第二十願の信仰者の姿である。ところで親鸞は、眼に見えない本願

信心の心境（真実信心）を、私たちにわからせるためにこそ、

濁悪の世界に生きる僧侶も俗人も、すみやかに、徳のかぎりがふくまれている念仏をとなえる道（円修至徳の真門）に入って、難思往生を願うべきである。（「化身土巻」第二巻一〇一頁）

と、いったん第二十願に入信したみずからの試行錯誤を、私たちに薦めているのである。それは、称名念仏という往生浄土のための、弥陀が真実心をこめて廻向しておられる真実の行を、私たちが一心不乱に行なってこそ、真実の信を充実できない、みずからの虚仮が自覚できるからである。まさに逆説的な仏道修行であるが、私はこれが念仏者独自の、自意識否定の行であると思う。

阿弥陀仏は極楽浄土を建立されるために、数百劫年の長きにわたって、清浄真実心を捧げつづけて修行したもうた。その果報として実現した真実報土へ、私たちが、所詮は毒まじりの善行を廻向して往生できるものだろうか。親鸞は私たちに、論理的にはこのように問いかける。

私たちは、貪り怒るものであり、邪(よこしま)までであり、偽りであり、奸佞であって、詐欺を行ない、あらゆる行為にわたって悪なる性質をあらわさないことがない。この意味では、蛇にも蝎にも等しい存在である。人間がいかなる善行をしようと、「雑毒の善（毒まじりの善）」と名づけるのである。また、「虚仮の行」とも名づけるのである。「真実の行」とは名づけない。たとえこのような者が仏道修行をつとめて、一日中身も心も苦しげに駆りたてて、四六時中、頭上に燃える炎を払うがように動きまわっていても、凡夫のおこないはすべて「雑毒の善」

と名づける。この毒まじりの善をささげて、かの浄土に往生しようとしても、断じて不可能である。（「信巻」第一巻一三一頁）

親鸞は、善導の『観経疏』「散善義」にあるこの自力の廻向否定の教えを、すなわち、自分が何んとしても救われがたい存在であると自覚せよと薦める「機の深信」の教えを、おなじ「信巻」の中で、二度引用している。しかも、さらに二度、自分自身の言葉として語っている。その上で、最後の「化身土巻」で、右のように、ひとたびは方便の第二十願を信じて、他力の中の自力の称名念仏にはげめと、私たちに薦めているのである。それは念仏をとなえながら、いかんともしがたく湧き起こってくるおのれの毒まじりの善心を、私たちに自覚せしめるためである。私たちは第十九願の否定によって毒まじりの善行の廻向を否定せしめられ、行なわなくなったとしても、なお善心が残存するのである。親鸞は、その心境をこそ放下せよと、私たちに薦めている。第二十願の一心不乱の念仏は親鸞の場合、無明の業縁による悪因悪果や、善因善果の道徳律を無意識に信じている自分を、意識のおもてに引きずり出して、否定するための行である。悪心を告白すれば悪心は消えるというのが、いかなる宗教にあっても懺悔の意義である。同様に、善心を告白すれば善心は消えるだろう。私たちは一心不乱の称名念仏によって、伝統的な善悪の観念にこだわり、それゆえに不可思議の仏智を疑っている自己自身を、自己自身の前にさらけ出して懺悔せしめられるのである。そのような他力の中の自力の念仏行を行じてこそ、「ただ一度の念仏でもよい」とする本願の勅命が、会得できると親鸞は言う。

悲しいかな、煩悩にまみれた凡愚のわれらは、無始よりこのかた助業と正定業とをあいまじえて行ない、定・散の二心（すなわち私たちの、毒まじりの善心である）をあいまじえて抱きつづけてきた。それゆえに、生死輪廻を出離する機会を得なかったのである。流転輪廻を重ねてきたのは、おのれ自身の罪であり、無数の劫年を経つづけてきても、仏の願力に帰依しがたく、大信心の海に入りがたかった。傷み嗟嘆してもなおあまりあり、深く悲嘆すべきである。（同一二二頁以下）

無明の業縁の因果を信じる者が、真実報土に往生できるはずはない。ただ称名念仏の功徳によって疑城胎宮へみちびかれ、五百年のあいだ反省を強いられることは、形式論理によっても明らかである。私にはしかし、親鸞がみずからの三願転入の過程を結論として要約する直前に語っている第二十願否定のこの懺悔に、すでに、開きでた蓮の花の上に坐っているような、善悪にこだわるおのれを捨てきった、晴れやかな親鸞の心境がうかがわれる。

ただし、私たちの推論によって明らかな自由・放下の心境に、親鸞がはじめて到達できたのは、第四巻の解説で述べたように、寛喜三年、五十九歳の年のことであったと私は推察する。親鸞は二十九歳の年に、見かけは本願に帰依していらい、ようやく三十年後に、真なる称名念仏に、おろかな善心の消えはてた、実なるおのれの心を一致させることができたのである。「真」にふさわしいその「実」とは、私たちの眼には、「虚無」としか見えないものではあるが。

善導の『法事讃』には、つぎのように讃えられている。

極楽は無為涅槃の境界である
人の善根をもってしては生まれがたい
それゆえに釈迦如来は教えを選んで
弥陀を念仏することを教えたまい、念仏をひたすら専一にせよと説きたもうた。
（「真仏土巻」五六頁）

二十年のあいだ方便の第十九願に迷い、さらに三十年のあいだ方便の第二十願に迷ったあとに得られた親鸞の本願他力の念仏の心境は、このように単純な讃歌に表現されているのだろう。私たちはこのように素朴な讃歌の心境にいたるためにこそ、長大で難解な『教行信証』を学ばなければならないのだろう。

往生のためには思議を捨てよと薦める親鸞の不可知論もまた、曇鸞の、「蟪蛄（けいこ）不識春秋、伊虫豈知朱陽之節」（「信巻」二三七頁参照）という、美しい言葉に結晶しているのだろう。

春や秋に生きられぬ蜩に
どうして今が夏であると知られよう

親鸞は、「一切をありのままに見る仏の智慧もまた幻である」（「真仏土巻」五〇頁）と確信して、すなわち、煩悩具足なる私たちの眼には、幻としてしか見えないと確信して、相かたちなき光明のみのみなぎる短かい夏のひとときを、命をかぎりに生きた人であると、私には思われる。

語　註（ゴチック数字は本文の頁を示す）

真仏土巻

八　誓願　『大無量寿経』に説かれている弥陀の四十八願のこと。『大経』によれば、阿弥陀仏はかつて法蔵菩薩という名の仏道修行者のときに、四十八のちかいをたて、そのすべてが成就しなければ、自分はたとえ仏になることができるとしてもならず、一切衆生とともに生死の世界をまよい続けようと誓った。法蔵菩薩は五劫にわたる思索と永劫の修行のはてに、すべてを成就し、阿弥陀仏となったのである。

九　阿難　釈迦十大弟子の一人。釈迦の従弟で出家して後、釈迦常随の弟子となり、説教を最も多く記憶していたことから多聞第一と呼ばれた。また釈迦の叔母マハーパジャーパティーの出家に尽力し比丘尼教団の基を成した。また経典の第一結集において経を誦出した。

一〇　三毒　むさぼり（貪）・いかり（瞋）・おろかさ（癡）の三つ。代表的な煩悩。

声聞　釈尊の音声を聞いた仏弟子のことであるが、大乗仏教では、自分だけが阿羅漢となることを理想とする低い仏道修行者をいう。

縁覚　独覚ともいい、師につくことなく自身で悟りをひらくもの。しずかな孤独を好むために説法教化をしない。

菩薩　自身の悟りとともに、総てのものを悟りに導くために修行を続けるもの。声聞、縁覚が自身の悟りだけをめざす小乗の修行者とされるのに対して、大乗の修行者とされる。

一一　一劫　劫とは長大な時間を表わす。

無量寿如来会　『大無量寿経』の異訳、唐の菩提流支の訳。二巻

一二　天人　天界に住む衆生。仏事を歓び天楽を奏し天華をふらし、天香を薫じ空を飛ぶとされている。

龍王　水中に住み雲を呼び雨をおこす神力のあ

る蛇形の鬼類で、仏法を守護するとされる。

夜叉　人を害する暴悪な鬼類。また毘沙門天に属し仏法を守護するとされる。

阿修羅　戦闘を事とする鬼神。常に帝釈天と闘う闘争的な悪神とされる。

無量清浄平等覚経　『大無量寿経』の異訳。略して「平等覚経」ともいう、二巻。後漢の支婁迦讖の訳といわれ、『大無量寿経』が四十八の本願を説くのに対して、二十四の本願を説く。

仏説諸仏阿弥陀三耶三仏薩樓仏檀過度人道経　『大無量寿経』の異訳「大阿弥陀経」ともいい「過度人道経」と略称する。呉の支謙の訳、二巻。経名は、阿弥陀仏が人びとを救いたもうことを説いた経という意味。

一五　**菩提流支**　北インドから五〇八年に洛陽に来る。北魏時代の代表的経典漢訳者。天親菩薩の『浄土論』を漢訳し、曇鸞に『観無量寿経』を授けた。

不空羂索神変真言経　三十巻。観世音菩薩の、すべてを記憶して忘れない能力（陀羅尼）の功徳を説いたもの。

化生　真実報土に往生することを言う。化身土に往生することを胎生というのに対する言葉である。

阿耨多羅三藐三菩提　サンスクリット語の音写で、無上正遍智、無上正等覚と訳し、仏の智慧の徳をいう。

涅槃経　釈尊の最後の説法といわれる。すべての衆生には仏となる性質がある（一切衆生悉有仏性）と如来常住を説く。北涼の曇無讖が訳した四十巻十三品（北本涅槃経）と、劉宋の慧観・慧厳・謝霊運らが、法顕訳の『小乗涅槃経』を参考にして北本涅槃経を改訂した、三十六巻二十五品（南本涅槃経）とがある。

一六　**迦葉菩薩**　釈尊十大弟子の一人。釈尊成道後三年目の頃に弟子となり、八日目に阿羅漢の悟りを得たといわれる。弟子の中で最も執着の念がなく、清廉な人格で釈尊の信頼が最も厚かった。釈尊滅後、教団の統率者となった。

一八　**酪**　『涅槃経』に牛乳を精製すると、酪、生蘇、熟蘇、醍醐と順番にできるとされ、醍醐は最上のものであり、これを服すると一切の病気が癒るといわれる。そこから涅槃を醍醐にたとえる。

十二部経　十二部の仏説の意。経典を叙述の形式または内容から十二種に分類したもの。

華厳経　詳しくは『大方広仏華厳経』釈尊が悟りをひらいた直後に説かれたとされる。三つの漢訳がある。「六十華厳」、東晋の仏陀跋陀羅の訳、六十巻三四品。「八十華厳」、唐の実叉難陀の訳で、八十巻三八品。「四十華厳」、唐の般若三蔵の訳、四十巻。

阿含経　原始仏教の経典で、釈尊の実際に説かれたと思われる経が多く含まれている。長阿含二二巻・中阿含六十巻・増一阿含五一巻・雑阿含五十巻に分けられている。

大乗経　内容が深く、すべてのものが平等に悟りをひらくことができる教えを説いた経典。小乗の経典に対するもの。

一九　**仏性**　仏陀の本性、つまり悟りそのものの性質、また仏となるべき性質、可能性をいう。

二一　**二十五有**　欲界・色界・無色界の三界（迷いの世界）のさらに詳しい分類。

二六　**善星**　釈尊の子、羅睺羅(らごら)の異母兄と伝えられる。仏弟子になったが、後に釈尊にそむき因果を否定する邪見に陥って悪心を起こしたので、生きながら無間地獄に堕ちたといわれている。

難陀　釈尊の異母弟。出家後も美しい妻が忘れられず幾度も釈尊に誡められたとされる。しかし後には、仏弟子の中で本能を統制することが第一といわれるようになった。

提婆達多　釈尊の従兄。出家して仏弟子となったが後に釈尊にそむき、五百人の弟子を率いて伽耶山に住み、阿闍世王をそそのかして父王を殺して王位につけ、さらに釈尊にかわって教団の指導者となろうとしたがかえって破門された。その後釈尊の殺害さえ企てたが失敗して悶死したとされる。

羅睺羅　出家前の釈尊とヤショーダラーとの間の子。後に出家して仏弟子となり、十大弟子の一人に数えられる。戒律を細かなところまで守ることについては第一であったと言われている。

二七　**初禅から第四禅**　迷いの世界は欲界・色界・無色界の三界に分けられる。そのうち色界は初禅から第四禅までの四つに分けられる。色界とは、婬欲・食欲を離れた者が住む所で、その内の四禅の差別は、禅定に伴う心のはたらきの有無による。

十力 仏のみが具える十種の智慧の力。

二八 **五逆** 最も重い五つの罪で、父を殺す、母を殺す、阿羅漢を殺す、僧の和合を破る、仏身より血を流すの五つをいう。

二九 **帝釈天** 詳しくは釈迦提桓因陀羅といい、略して釈提桓因ともいう。梵天とともに仏教護法の主神。十二天の随一で東方を守護し、須弥山の頂上にある忉利天に住するという。

阿羅漢 尊敬を受けるにあたいする人という意味。一切の煩悩を滅し尽し、もはや学ぶべき何物もない者であり、それゆえに、人びとから供養されるにふさわしい境地に達したという。

三〇 **婆羅門** インドの社会階級の一つ。最上位の階級で、清らかな修行をし悟りを求める宗教者の階級である。

八種の智慧 欲界の四諦（苦集滅道の四つの真理）を知る智慧と、色界、無色界の四諦を知る智慧とを合せて八智とする。

陰 いろいろな種類のものを一括集めるという意味。人間の身体は色、受、想、行、識の五つから成っているとされる。

諦 真実で誤りがなく、永遠に変わらない事実のこと。

四念処 悟りを得るための修行の内の第一番目の修行。身は不浄であり、感覚（受）は苦であり、心は無常であり、すべての存在（法）は無我であると正しく認識することをいう。

四食 生きている者を養い育てる四つのもの。すなわち段食（飲食物）、触食（外界との接触作用、感覚を刺激し養うもの）、思食（意思の作用、好みの状態を持続させようとする）、識食（精神の主体で、前の三つを統括して身命を保持する）の四つをいう。

四識住所 色、受、想、行の四陰が、識の依り所となることをいう。

三一 **因果** 身体はすべて因果の道理によって出来上がっていることによっていう。

煩悩 身や心を煩わせ悩ませ、惑わせ汚す精神作用の総称。汚れた五陰による身体は煩悩を起こすからこういう。

解脱 汚れなき五陰による身体は煩悩を滅する

からこういう。

十二因縁　人間の存在は、無明、行、識、名色、六処、触、受、愛、取、有、生、老死という十二の因縁によって成立する。

過去・現在・未来　五陰は、三世にわたって輪廻し続けることによる。

三二　**十住の菩薩**　『涅槃経』では、菩薩の修行の階位を五十位にわけ、その第四十一位より五十位までを十住とする。菩薩五十二位の十地にあたる。

三三　**首楞厳などの三昧**　十地（十住）の菩薩の修行する禅定で、この三昧に入れば、煩悩の魔を破ることができ、諸の三昧の内容を知ることができるといわれる。

三五　**天親論主**　一般に世親という。五世紀初頭頃北インドに生まれる。兄の無著の教えによって大乗教に帰し、大小乗にわたって論書の著述が多いので、世に千部の論主という。『無量寿経優婆提舎願生偈』（『浄土論』）は浄土門において特に尊重される。真宗七祖の第二祖。

三六　**曇鸞大師**　（四七六—五四二）北魏時代の人。雁門に生まれ、五台山で出家して四論を学ぶ、のち陶弘景から仙経を得ての帰途、菩提流支に会って『観無量寿経』を授かったので仙経を焼きすてて浄土教に帰した。魏王の尊崇をうけ、大厳寺、玄中寺等に住した。著書に『浄土論註』二巻等がある。真宗七祖の第三祖。

三七　**無生忍**　無生法忍のこと、すべてのものは本来不生不滅であるという法を悟り、相を離れて真理の法にかない安住すること。

三八　**衆生縁**　衆生の迷い苦しむのを見て哀れみの心を起こし楽を与えたいと思う慈悲。

法縁　衆生の苦しみを見るのではなく、真実の法を見、それをすべての衆生に与えたいと思う慈悲。

無縁　一切は空であると知る悟りの立場にたって、すべてのものを悟りに導き永遠の安楽に至らせようと思う慈悲。

龍樹菩薩　（一五〇—二五〇）南インドの人。出家して小乗仏教を学んだが、後にヒマラヤ山に入って老比丘から大乗経を教えられたという。後に大乗経典の注釈書を多数著わして大乗思想を宣揚した。真宗七祖の第一祖。

易行品　龍樹の『十住毘婆沙論』の巻第五第九品。必ず悟りを得る位に至るのに難行道と易行道があり、易行道とは仏を敬う心を堅く保持して仏名を称えることであると説く。易行道が始めて説かれたものである。

三九　**十七種の荘厳功徳**　極楽浄土の環境には、十七種のすばらしい功徳があると説かれる。

四〇　**維摩経**　詳しくは『維摩詰所説経』三巻、鳩摩羅什訳。在家信者の維摩詰と文殊との問答で、大乗仏教の精髄が説かれる。初期大乗仏教の代表的経典。

須弥山　古代インドの世界観で世界の中心にあるとされた山。香木が茂り、中腹の四方には四天王のそれぞれの宮殿、頂上には帝釈天の宮殿など三十三天の宮殿があり、山の中腹を日と月が回わるとされる。

四一　**讃阿弥陀仏偈**　曇鸞の著、一巻。『大無量寿経』によって、極楽浄土の阿弥陀仏の功徳と聖衆の功徳、さらに仏国土の荘厳の様相を讃嘆したもの。三百九十句からなる。

四二　**有無の邪見**　すべての存在は縁起によって仮りに存在しているという仏教の思想に対して、存在は常住で実体的であるとする有見と、存在は虚仮で死後は何も残らないとする無見とは、ともに一方に偏る誤った見解であるから邪見という。

四三　**釈尊の予言**　『楞伽経』の釈尊の予言のこと。釈尊は楞伽山で、「南天竺に龍樹が出て、有と無の邪見を打ち破り、歓喜地の悟りを得て安楽浄土に往生するであろう」と予言された。親鸞は「行巻」の「正信偈」（第一巻一一三頁）にこの予言を讃じている。

三界　欲界・色界・無色界のことで迷いの世界のこと。

六道　地獄・餓鬼・畜生・修羅・人間・天の六つの迷いの世界。功徳を積むことのない者はこの六つの世界を輪廻し永遠に苦しむといわれる。

三塗　三悪道のことで地獄・餓鬼・畜生の三つの苦しみの多い世界をいう。

四四　**善導和尚**　（六一三―六八一）阿弥陀仏の極楽浄土の図をみて浄土教に帰した。のちに道綽に教えを受け中国浄土教を大成した。『観無量寿経疏』四巻『往生礼讃』一巻『観念法門』一巻『法事讃』

一巻『般舟讃』一巻を著わす。真宗七祖の第五祖。

観経疏　善導の著。『観無量寿経』の注釈書。「玄義分」「序分義」「定善義」「散善義」の四巻からなる。

報土　浄土は、報土と化土に大別され、弥陀の本願の他力の信心を頂戴したものだけが真実報土に迎えられるとされる。化土は、疑城胎宮と辺地懈慢に二分されていて、前者には、念仏が自分の弥陀に対する廻向であるとする、まちがった自力の念仏者が迎えられ、後者には、聖道門と総称される自力の仏道修行者が浄土を願って迎えられる。たとえていえば、報土は蓮の花が開いているところである。疑城胎宮はつぼみのままの辺境であって、自力の念仏行者は、そのつぼみのなかに、五百年間とじこめられる。辺地懈慢土は、そのつぼみさえも出ていない、さらにはるかな辺境である。

大乗同性経　全二巻。北周の闍那耶舎の訳。楞伽城の羅殺王に大乗の教えを説いたもの。

上品の三種類　『観無量寿経』には、往生の行の違いによって往生する浄土にも区別があると説かれる。上品・中品・下品がそれぞれ三つに分かれて九種類に分けられている。いまは上品の三種で、上品上生、上品中生、上品下生の三種の念仏者をいう。

四九　**摂大乗論**　無著の著。後魏の仏陀扇陀訳、二巻。梁の真諦訳、三巻。唐の玄奘訳、三巻がある。唯識説にもとづいた仏教統一論で摂論宗の根本聖典とされている。

旧訳　漢訳された仏典の内、古い翻訳をいう。唐の玄奘以前の達意的な翻訳を旧訳とし、玄奘に始まる直訳的な翻訳を新訳という。

五〇　**観音授記経**　詳しくは『観世音菩薩授記経』一巻。宋の曇無竭の訳。観音菩薩及び得大勢菩薩の過去、現在、未来を説く。阿弥陀仏の滅後に観音菩薩が仏と成り、観音菩薩の滅後に得大勢菩薩が仏と成ると説かれている。

大品経　詳しくは『摩訶般若波羅蜜経』二十七巻。鳩摩羅什の訳。諸法皆空の理を広説している。

須菩提　釈迦十大弟子の一人。舎衛国の鳩留長者の子で、後に空を理解することが第一（解空第一）であるといわれた。

五一　**四正勤**　悟りを得るための修行の内の第二番目

の修行。四正断ともいい四つの正しい努力のこと。未だ生じない悪を新しく生じないように勤めること（律儀断）。すでに生じた悪を断じようと勤めること（断断）。未だ生じない善を生ずるように勤めること（随護断）。すでに生じた善を増大させるように勤めること（修断）の四つをいう。

四如意足　悟りを得るための修行の内の第三番目の修行。すぐれた瞑想を得ようと願うこと（欲如意足）。すぐれた瞑想を得ようと努力すること（精度如意足）。心をおさめてすぐれた瞑想を得ようとすること（心如意足）。智慧をもって思惟観察してすぐれた瞑想を得ること（思惟如意足）の四つをいう。この四如意足を修行することによって種々の神通力を得ることができるとされる。

五根　悟りを得るための修行の内の第四番目の修行。信根・精進根・念根・定根・慧根の五つをいい、悟りを得るための五つの能力をいう。

五力　悟りを得るための修行の内の第五番目の修行。信・精進・念・定・慧の五力をいう。五根による修行をより一層進めたときに得られる力。

七覚分　悟りを得るための修行の内の第六番目の修行。七覚支ともいいさとりを得るのに役だつ七つの智慧のこと。心に明らかに憶いをとどめて忘れないこと（念覚支）。智慧によって真実の法を選び取ること（択法覚支）。正しい修行に一心に努力すること（精進覚支）。正しい修行をすることに喜びを感じること（喜覚支）。身心をかろやかに快適にすること（軽安覚支）。心を統一して散乱させない（定覚支）。心をかたよらせないで平均に保つこと（捨覚支）の七つをいう。

八聖道分　悟りを得るための修行の内の第七番目の修行。正しく仏教の真理（四諦）に則した見解をいだく（正見）。心のおこないを正しくする（正思惟）。正しい言葉を語る（正語）。正しい行ないをする（正業）。正しい生活を実践すること（生命）。悟りを求めて努力する（正精進）。正しい道を思い続け邪念をまじえない（正念）。迷いのない清浄な悟りの世界に入る（正定）。の八つをいう。

三解脱門　煩悩の苦しみから解脱して悟りを得る三種の方法。あらゆる存在は空であると観ずる（空解脱門）。差別の相を離れて一切が平等であると知る（無相解脱門）。あらゆる欲求の思いを離れる（無願解脱門）の三つをいう。

仏十力　仏のみが具える十種の智慧の力。

四無所畏　説法をする時、恐れはばかることがない四つの自信。一切の法をさとったという自信。一切の煩悩を滅し尽したという自信。修行の障りとなる煩悩を説くことができるという自信。悟りへいたる道を説くことができるという自信の四つをいう。

四無礙智　仏の自在でさわりのない理解力と表現力のことで、文字や文章に関してよく精通している（法無礙智）。文字や文章の意味するところをよく理解する（義無礙智）。方言や外国語に関してよく精通している（辞無礙智）。正しい理に従ってとどこおりなく法を説き、衆生の願いにそって必要な法を説くこと（楽説無礙智）の四つをいう。

十八不共法　仏のみにそなわっている十八種のすぐれた特質。十力・四無所畏・三念住・大悲の十八を言う。三念住とはいかなる者に対しても平静な心で法を説くことで、第一念住は、衆生が仏を信じても喜ぶことなく平静であること。第二念住は、衆生が仏を信じなくても憂うることなく平静であること。第三念住は、仏を信じる者や信じない者が同所にいても、常に平解であることの三つをいう。

須陀洹　声聞の悟りの位の初果。三界の見惑を断じて聖者の流れに入った位をいう。

斯陀含　声聞の悟りの位の第二果。現象的な事物に執われる（修惑）九種類の迷いの内、六種類を断じて天上界に生まれるが、残り三種の迷いのために再び人間の世界に来て悟りをひらく位をいう。

阿那含　声聞の悟りの位の第三果。第二果で残っていた三種の迷いを断じ尽して、再び人間の世界に還らない位をいう。

阿羅漢　声聞の悟りの位の第四果。一切の見惑、修惑を断じつくして涅槃に入り再び生死の世界に流転しない究極の悟りの位。

辟支仏　縁覚のこと。（一〇頁縁覚の註参照）

五四　**韋提希夫人**　頻婆沙羅王の后。阿闍世王の母。阿闍世王によって幽閉され、苦悩の中で釈尊を念じ説法を願った。この時『観無量寿経』が説かれた。

二五六　**法事讃**　二巻、善導の書。詳しくは『転経行道願往生浄土法事讃』また『安楽行道転経願生浄土法事讃』などという。『阿弥陀経』を読誦する行式を示したもの。

自然　他者によってではなく、阿弥陀仏という絶対の真理と慈悲が、みずからこのようにあれと意志して（然）という意味。

二五七　**憬興**　七世紀後半の新羅の人。法相宗の僧。『無量寿経』の註釈書である『無量寿経連義述文賛』を著わす。親鸞はこれを重視している。

日・月は…　親鸞は「日は応じてつねに照らすこと周からざること、娑婆一耀の光なるが故に」と読んでいるが、意味が通りにくい。ここでは『述文賛』の原文「日夜つねに照らすに同じからず、娑婆二耀の光の故に」によって訳した。

身心柔軟の願　『大無量寿経』の四十八願の第三十三に「たとい我、仏を得んに、十方無量不可思議の諸仏世界の衆生の類、我が光明を蒙りてその身に触れん者、身心柔軟にして、人天に超過せん。もし爾らずんば、正覚を取らじ」と誓われている。

二五九　**得入は…**　以下の引用文は『起信論』の本文ではなく、飛錫の『念仏三昧宝王論』の解釈の文章である。

最初の相　無明がはじめて起こるときのようす。『起信論』では、無色無形で説くこともできない真如から忽然として無明が起こり、それによって認識の主体ができ、種々の事相を想起してくると言われている。そこで無明の起こる最初の相を知るというのは、迷いの正体が無明であり、真如そのものを悟ることである。

馬鳴　二世紀ごろのインドの人。クシャーナ王朝のカニシカ王の保護を受けた仏教詩人。古典期サンスクリット文学の先駆者で、美文体文学のさきがけとして有名。著書に釈尊の生涯を歌った叙事詩「ブッダチャリタ」。難陀を主人公とする「サウンダラナンダ・カーヴィヤ」などがある。他に『大乗起信論』『大荘厳経論』などがあるとされるがこれらは不明の点が多い。

選択本願　すべての衆生を浄土へ往生させるた

めに特に選びとられた本願という意味で第十八願をこのように言う。

化身土巻本

六四　**雙樹林下往生**　『観経』に説かれるような、種種の修行による往生のこと。親鸞は自力諸行によるから辺地・懈慢界にしか往生できないとする。（辺地は七二頁、懈慢界は六五頁の註参照）雙樹林とは、沙羅雙樹の林のことで、釈尊が亡くなったのが、クシナガラ城外の雙樹林であったことになぞらえたものである。

難思往生　『小経』に説かれる自力念仏による往生のこと。念仏によるけれども自力で称えるから難思議往生ではなく難思往生とし、疑城胎宮への往生とする。

六五　**真身観**　『観無量寿経』に説かれる十三の観察行の中の第九観。阿弥陀仏の光明の相を観じ、仏心そのもの、すなわち仏の大慈悲心を観ずる法を説く。

菩薩処胎経　後奏竺仏念の訳、七巻。詳しくは『菩薩従兜率天降神母胎説広普経』といい、三十八品で仏一代の教化に寄せて種々の法門を説く。

懈慢界　専心に念仏せず、時々自力の心を起こして念仏をなまけ、諸行を修する者の生まれる世界のこと。

疑城・胎宮　阿弥陀仏の本願を疑うものが往生する浄土であるから疑城という。またそこに往生したものは、蓮華の中につつまれて五百年間むなしくすごし、仏法僧の三宝を見ることができず、衆生を利益することもできない。それが母胎の中にいるようであるから胎宮ともいう。

九十五種の邪道　釈尊在世の頃のインド思想が、九十五種あると言われ、仏教に対して九十五種の外道といわれた。

六六　**悲華経**　北涼の曇無讖の訳、十巻。無諍念王とその千人の王子が宝蔵如来の許で無上心を発し、浄土の記別をうけたということが説かれる。なお、引用文は「大施品」ではなく「諸菩薩本授記品」にある。

六七　**三輩往生の文**　『大経』下巻のはじめに、上輩・中輩・下輩のもののそれぞれの功徳と臨終の様子と往生について説かれている。

定散九品の文　定善は、心を集中統一して修する善行をいい、散善は、日常の散り乱れた心のままで修する善行のこと。『観経』では、往生するものを九種に分け、修する功徳の違いによって臨終や往生にも九種の別があると説く。これを九品往生といい、いまはこの教説のことをいう。

由旬　距離の単位。いろいろの説があるが、十四・四キロメートルとされる。

月光摩尼　宝珠の名。八角形で月の光があたると水が流れ出るという。

持海輪宝　浄土にある宝の一つ。

六八　**八種の功徳**　種々の説があるが『称讃浄土経』には、㈠澄浄㈡清冷㈢甘美㈣軽軟㈤潤沢㈥安和㈦飢渇を除く㈧諸根を養う、の八つを説く。

胎生　疑城胎宮に往生すること。疑城胎宮は六五頁註参照。

忉利天　欲界に属する六天中の第二天。須弥山の頂上にあるといわれる。

弥勒菩薩　現在は菩薩のままその浄土の兜率天で天人のために説法しているが、釈尊に予言されて五十六億七千万年の後この世に下生して、龍華樹の下で成仏し説法するとされる。釈尊のつぎにこの世に生まれる未来仏である。

化生　真実報土に往生することを言う。化身土に往生することを胎生というのに対する言葉である。

六九　**転輪聖王**　正しい法で世界を統治するという伝説上の理想の帝王。

七〇　**結跏趺坐**　坐法の一つ。両膝を曲げて両足の裏を上向けにする坐り方。

無量寿仏に…　親鸞は「故に因なくして無量寿仏に奉事せん」と読んでいるが、意味がよく通らない。今は原文に従って訳した。

七三　**辺地**　阿弥陀仏の浄土の辺隅にある国土をいう。他力念仏の教えを聞きながらも、これを疑い自力の心をもって念仏をとなえる者の往生する世界。

源信和尚　（九四二―一〇一七）比叡山の横川楞厳院に住した。『往生要集』は天台の観念念仏と善導系の称名念仏を説いた浄土教の聖典で、後世浄土教の祖と言われる。末法思想によって人心の動揺している社会に浄土思想を普及し鎌倉新仏教に大きな影響を与えた。真宗七祖の第六祖。

懐感禅師　唐の人、善導の弟子。長安千福寺に住した。『釈浄土群疑論』七巻を著わした。

懈慢界　親鸞はこれに独自の意味づけをし、阿弥陀仏の本願を疑うものが往生する化土であるとする。（六五頁懈慢界の註参照）

先きの文　善導の『往生礼讃』の前序の文である。善導はそこで、念仏を専修する者はひとり残らず往生できるが、他の行をまじえたり、専心に行じないものは万に一つも往生することができないと説いている。

七三　**三心**　至心・信楽・欲生の三心を言う。第十八願に「至心に信楽して我が国に生まれんと欲して乃至十念せん」と説かれているのにもとづいている。また『観経』の三心とは、至誠心・深心・廻向発願心で、往生を願うものは必ずこの三心を起こすべしと説かれている。

七四　**三種類の福徳**　幸福をもたらす三種の善行。世福（世間的道徳を守る）・戒福（仏の定めた生活軌範を守る）・行福（真実のさとりを願って大乗の諸善万行を修する）の三つをいう。

阿闍世　マガタ国頻婆沙羅王の子。提婆達多にそそのかされて父を殺し王位につく。のち釈尊に罪を懺悔し仏教の信者となり、釈尊の滅後仏教教団の大保護者となった。

七五　**尽十方無礙光如来**　阿弥陀仏のこと。何ものもさまたげることができない光明の功徳をもって仏の名としたもの。上に「帰命」を付し、六字名号に対して十字名号と言う。

七六　**弘願**　過去現在未来のすべての衆生を救う広大な誓願という意味で、阿弥陀仏の第十八願をいう。

粗雑な冥想　『観経』には「麤想」とある。観想をして後に経典に照らして一致しなければそれは妄想であり、一致すれば大まかな観想ができたと説かれている。たとえ経典と一致しても大まかな観想であると説かれることから、親鸞は観想そのものがきわめて成就しがたいものであることを説く教説としたのである。

七七　**観察門**　心を静めて、浄土や阿弥陀仏などを目のあたりに見る修行法。これが仏教の正統的な修行法とされている。

二種類の往生　即往生と便往生の二つ。真実弘願に帰するものは即座に真実報土に往生することを即往生といい、自力修行のものがひとたびは化身土に往生し、やがては真実報土に往生することを便往生という。

七八　**浄土の要門**　『観経』に説かれる、自力修行によって往生しようとすることをさす。要門とは、善導の言葉であり、親鸞はそれを他力念仏に帰するための肝要の門の意味とした。

観仏三昧　三昧とは心を集中することによって安定した状態に入ることである。その静かな心で仏や浄土を観想することを観仏三昧という。

念仏三昧　広くは、阿弥陀仏とその浄土だけを対象とした観仏三昧を言うが、親鸞の場合には、専一に称名念仏することをいう。

八三　**雑行**　阿弥陀仏一仏だけに専心する行を正行というのに対して、他の仏たちやその浄土への行をまじえてする行を雑行という。

八四　**善行を喜び**　他人の善事をみて随順し歓喜することは、大きな功徳であるとされる。『大智度論』では、善を行なった本人よりも功徳が大きいとさえ説かれる。反対に、他人の悪行を随喜することが大きな悪であるとされる。

往生礼讃　善導の著、一巻。詳しくは「勧一切衆生願生西方極楽世界阿弥陀仏国六時礼讃偈」という。日没・初夜・中夜・後夜・晨朝・日中の六時にそれぞれ讃文を唱えて礼拝する行儀を明かしたもの。

八五　**四種の修行**　『往生礼讃』の前序に説かれる、仏や聖者を敬う（恭敬修）。専一に阿弥陀仏の名を称えて余業をまじえない（無余修）。称名を絶え間なく称える（無間修）。一生称名念仏を続ける（長時修）の四つ。

八七　**観念法門**　善導の著。一巻。詳しくは『観念阿弥陀仏相海三昧功徳法門』という。観仏三昧、念仏三昧を説いたもの。

三種の智慧　自分や他人の過去世におけるあり方を知る能力（宿命通）。自分や他人の未来のあり方を知る能力（天眼通）。煩悩を滅して迷いを離れる能力（漏尽通）の三つをいう。

般舟讃　善導の著、詳しくは『依観経等明般舟三昧行道往生讃』という。『観無量寿経』などによって、讃嘆供養、別時法事の行儀を述べたもの。

八九　**末法**　仏教の歴史観である正像末の三時の第三。一般に釈尊入滅後、正法五百年、像法一千年を経ると、末法一万年となり、仏教はその教えのみあって、それを実践する行も、またその果としてのさとりもない時となるという。日本では永承七年（一〇五二）に末法の世に入ったとされた。

初地の菩薩　菩薩の修行の段階が、十信・十住・十行・十廻向・十地・等覚・妙覚の五十二位に分けられるが、その内の十地の最初が初地と呼ばれる。前の四十位は凡夫であり、初地以上が聖者とされる。この位に至れば、必ず仏となることが定まり喜びに満ちることから歓喜地とも呼ばれる。

九〇　**真門**　名号の真実を明かして他力弘願にみちびくてだてとする法門。『阿弥陀経』に説かれる第二十願の立場をさす。自力の念仏によって往生しようとするものは、法は真であるが機は実ではない。故に真実と言わず単に真門という。一向専修の念仏というのも、一心不乱の念仏で自力で励む念仏である。

九一　**善逝**　迷の世界をよく超え出て、ふたたび迷いの世界に還らない者という意味で、仏の十の呼び方（仏十号）の一つ。

九三　**門余**　『観経疏』玄義分の、「心に依って勝行を起こせり、門余八万四千」の「門余」を解釈したものである。

九四　**五種類の正行**　浄土往生の因となる五つの正しい行のこと。㈠浄土の経典を読誦する（読誦正行）㈡阿弥陀仏とその浄土を観想する（観察正行）㈢阿弥陀仏を礼拝する（礼拝正行）㈣名号を称える（称名正行）㈤阿弥陀仏の功徳をたたえ供養する（讃嘆供養正行）の五つをいう。四番目の称名正行を正定業といい、残りの四つを助業という。

九八　**一心**　『阿弥陀経』に、念仏を称えて一日ないしは七日間一心不乱であれば、臨終に如来が来迎して浄土に往生できると説かれる。『阿弥陀経』の一心とは、この一心不乱の念仏をいう。

化身の仏　『観経』の真身観に説かれる具体的な姿を持った阿弥陀仏。これに対して真実の阿弥陀仏は「寿命無量の願」「光明無量の願」に酬報した光明の仏であるとされる。

九九　**来迎**　臨終の時、阿弥陀仏や菩薩や聖衆が現われ、安らかな死をむかえさせ浄土へみちびくこと。その時、紫雲がたなびき音楽が聞こえ、良い香りがあたりにたちこめるといわれる。

一〇〇 **菩薩** 七高祖の中の龍樹菩薩と天親菩薩のこと。（龍樹は三八頁・天親は三五頁の註参照）

一〇三 **もしも…** 以下は、親鸞のこれまで述べてきた『阿弥陀経』についての独自の解釈によって訳した。

一〇七 **舌相** 仏が身にそなえる身体的特徴である三十二相の一つ。仏の舌は広くて長い。舌が顔を覆えば、言葉がすべて真実であるといわれる。

三千世界 須弥山を中心とする、九つの山、八つの海からなる世界を千個あつめたのを小千世界、小千世界を千個あつめたのを中千世界、中千世界を千個あつめたのを大千世界とし、大千世界を三千大千世界ともいう。

一〇九 **劫が尽きようと…** 現在の劫（賢劫）には、衆生の寿命が長くなっていく増劫の時と、寿命が短くなっていく減劫の時が二十回繰り返すといわれる。釈尊は第九の減劫中に出現し、弥勒仏は第十増減の減劫中に出現するとされる。いまの「劫が尽きようと」というのは、釈尊出現の第九の減劫が終ろうとするときという意味である。

一一一 **智昇法師** 唐代の人。長安崇福寺に住した。『開元釈教録』『高僧続大唐内典録』『続釈経図記』『集諸経礼懺儀』などを著わす。

元照律師 （一〇四八—一一一六）中国余杭の人。律と天台を学び、戒律の復興に努力した。晩年には浄土教に帰依して念仏を広めた。

一一二 **襄陽の石碑** 「石刻阿弥陀経」ともいう。湖北省襄陽の竜興に、隋の陳仁稜が石碑に刻んで安置した阿弥陀経の異本。他の異本と違って称名念仏が他の行に比べて功徳が多い多善根の行であるとはっきりと説かれている。

智円和尚 （九七六—一〇二二）中国銭唐の人。天台宗を学び西湖の孤山において教化をした。

一一三 **このように行ない** 『大経』を説くにあたって瑞相をあらわし、この経が釈尊が本当に説こうとした教えであることを示したこと。（瑞相については一巻一五頁以下参照）

このように説き 『大経』を説くにさきだって浄土の教えに誘引するために数多くの経典を説い

たことをいう。

このように教える　すべての衆生を済度するために最高の教えである『大無量寿経』を説いたこと。

二四　**因果がなく…**　親鸞は「因果、三宝性異なることなしといいて」と読んでいるが、その後の文章に「この人……三宝を信ずといえども、三宝同一性相を信ぜず」とあって意味がよく通らない。ここでは『涅槃経』の原文の「因果無く、三宝の性異なると言いて」に随って訳した。

富蘭那　六師外道のひとりで、因果の道理を否定し、一切の法は生滅なく虚空のようなものであると説く。空見外道と言われる。

二五　**非相非々相処**　有想無想をともに離れて、有無に偏しない平等の安静な境地をいう。欲界・色界・無色界の三界のうちの無色界の第四天で、三界の最上位にあるから有頂天ともいう。

二六　**十二因縁**　無明・行・識・名色・六処・触・受・愛・取・有・生・老死の十二の因縁のこと。人間の老死の苦しみが何に依るかと言えば生（生まれたこと）により、生は有（存在すること）による、というように苦の原因を追求して無明が根本原因であるとする。因縁とは、存在が独立自存するものではなく、因と縁によって成り立つ相依相対的なものであるということ。

二三　**難思議往生**　他力信心によって真実報土へ往生すること。阿弥陀仏の不可思議の願力による往生であることから難思議往生という。

果遂の誓願　第二十願に「十方の衆生、わが名号をききて、わがくにを係念して、もろもろの徳本をうえて、至心廻向して、わが国に生ぜんと欲せん、果遂せずば正覚をとらじ」と誓われている。親鸞は第二十願に帰依するものは自然に十八願に転入せしめられ真実報土へ往生せしめられると説く。そのように転入せしめられるのがこの果遂の願の働きによるものとする。

二四　**正法**　釈尊滅後五百年の間をいい、正しい教え（教）と、それに従って修行する人（行）と、修行を成就して悟りをひらく人（証）が存在する時代をいう。

像法　像とは正法に似たという意味で、正法以後五百年間とも千年間ともいわれる。教と行とがあって証がない時代といわれる。

滅法　末法一万年が終って正しい教えすらなくなった時代と言われる。

大智度論　龍樹の著。『般若経』の註釈書で鳩摩羅什が漢訳した。百巻。

一二七　**菩薩瓔珞経**　姚秦の竺仏念の訳、二巻八品。菩薩の階位や戒律を説く。

正法念経　瞿曇般若流支訳、七十巻。行為の善し悪しにより結果として受ける報いに相異があることを説く。ただし、この引用文は『正法念経』にはなく、『坐禅三昧経』にある。

一二八　**大集経**　詳しくは『大方等大集経』、六十巻。北涼の曇無讖の訳。「月蔵分」には五五百年の説をあげて末法思想を説く。

一二九　**五濁**　悪世における汚れを五つに数えたもの。劫濁（時代的社会的な汚れ）・見濁（よこしまな思想・見解がはびこること）・煩悩濁（貪瞋痴などの煩悩がはびこること）・衆生濁（人間の果報が衰え資質が低下すること）・命濁（寿命がだんだん短くなること）の五つ。

一三〇　**賢劫経**　詳しくは『賢劫定意経』八巻。西晋の竺法護の訳。八万四千の三昧門、仏の功徳、賢劫千仏について説いたもの。

仁王経　詳しくは『仁王護国般若波羅蜜多経』2巻。唐の不空訳。般若波羅蜜多の功徳を説いた経で、鎮護国家の経典として用いられた。

末法燈明記　最澄の著と伝えられるが真偽は不明。末法における仏教のありかたを説いたもの。

最澄　（七六七－八二二）日本天台宗の祖。比叡山を開き一乗止観院を建てる。延暦二十三年空海と共に入唐、帰国後天台法華宗を独立した。『法華秀句』『守護国界章』『顕戒論』『山家学生式』などを著わした。

三古の聖者　三古とは中国の古い時代を三期に分け、各期をその時代の文教の中心人物をもって代表させ、上代は伏羲、中古は文王、下古は孔子とする説。

一三一　**慈恩大師窺基**　（六三二－六八二）玄奘の弟子となり『成唯識論』などを共に訳した。法相宗の祖である。諸方面にわたる経典の註釈書があることから「百本の疏主」といわれる。

八敬　比丘尼が比丘に対して守らなければなら

ない八つの戒律。㈠半月ごとに比丘より教えを受ける。㈡夏の講義のときは比丘に従って聞く。㈢自己懺悔するときは比丘に罪を指摘してもらうように頼む。㈣比丘と比丘尼の両方から戒を受ける㈤比丘の悪口を言ってはならない。㈥比丘の罪をあげつらってはいけない。㈦重罪を犯したときは六日間の懺悔を行じなければならない。㈧受戒後百年を経た比丘尼であっても、新しく戒を受けた比丘に最高の礼をなすべきである。

大術経　『摩訶摩耶経』二巻のこと。蕭斉の曇景訳。仏が忉利天に昇って摩耶夫人に説いた教えと、入涅槃と大法伝持について説かれている。

一三一　**拘睒弥国**　コーサンビー、インド中部の都市。

龍宮　龍王の住む宮殿。『長阿含経』には、大海の底に娑竭羅（さから）龍王の宮殿あり、縦横八万由旬で七つの宝で飾られているとある。他にも諸説があり一定しない。

一三二　**法上師**　（四九四―五七九）地論宗南道派の学者。刻苦して修行に励んだことで有名。魏の統師および北斉の昭玄大統に任ぜられて僧尼二百万人を統率した。『大乗義章』『仏性論』『増数法』などの著書がある。

周異記　詳しくは『周書異記』本文は現存しない。法琳の『破邪論』や『法苑珠林』に引用されていて内容がわかる。

五十一年目　壬申は穆王の五十三年（B.C. 九四九）にあたる。

費長房　隋代の成都の人。『歴代三宝記』の著者。引用の説は同書の巻一にある。

春秋　孔子の著。魯の隠公より哀公まで十二公の歴史を記し、時事の当否を断じたもの。

一三四　**閻浮提**　須弥山の四方にある四大洲の一つで南方にある大陸。諸仏が現われるのはこの洲だけであるという。北に広く南に狭いといわれ実際のインド大陸を指している。後にはこの世界全体をいうようになった。

一三六　**前三果**　声聞の悟りの位である。預流果（須陀洹）、一来果（斯陀洹）、不還果（阿那含）、阿羅漢果の四つの内の前の三つをいう。（須陀洹、斯陀洹、阿那含については五一頁の註参照）

一三八　**二聖**　預流果と阿羅漢の二つをいう。

一三九　**四種類の魔**　魔が仏に似せて説いた経と律の二

つの法と、それを信じて経と律とを説き広める人の言葉。これをあわせて四魔という。

魔王波旬　他化自在天（第六天）の主で、悪意をもって誘惑し、命や善根を断つ魔。

優婆塞・優婆夷　出家をしない在家の仏教徒の男子を優婆塞といい、女子を優婆夷という。

一四〇 **八種類の不浄物**　僧侶がたくわえてはならない八つのもの。㈠田、宅、園、林。㈡野菜などの植物を植える。㈢穀物や布地。㈣使用人や奴婢。㈤家畜。㈥金銭財宝。㈦金銀などの装飾品。㈧釜鍋などの炊事道具

十輪経　詳しくは『大方広十輪経』という。訳者は不明。

一四一 **賢愚経**　『賢愚因縁経』ともいい十三巻。北魏の慧徳・曇覚らの訳。仏がこの世に生まれる以前の前生についての物語りや、種々の譬喩因縁を集めたもの。

四人以上　法事をするには四人以上が必要であり、また四人以上の僧を招ねくと格別の功徳があるともいわれる。

舎利弗　舎利弗多羅（しゃりぷとら）のこと。釈尊の十大弟子の一人。智慧第一と言われる。『阿弥陀経』は舎利弗を聞き手として説かれている。

大目連　摩訶目犍連のこと。釈尊の十大弟子の一人。神通第一といわれる。

一四二 **賢劫**　現在の時代をいう。過去荘厳劫・未来星宿劫に対して現在賢劫という。現在の劫には千仏が順次に出て人びとを救うといわれる。

盧至如来　賢劫千仏のうちの最後にあらわれる仏。

無余涅槃　身心ともに無に帰することで、身体を持ったまま悟りをひらくことを有余涅槃というのに対する。

一四三 **像法決疑経**　一巻、訳者不明。中国で作られた偽経であろうとされる。『末法燈明記』には、この経から、施主が物を供養しても敬意がなく不実の心であるとの説を引く。

遺教経　詳しくは『仏垂般涅槃略説教誡経』一巻。姚秦の羅什訳。『末法燈明記』には、一日馬に乗れば五百日の行戒の功徳を失うとの説を引く。

法行経　詳しくは『観察諸法行経』四巻。隋の闍那崛多訳。『末法燈明記』には、施主が比丘を

特別に招くことの非法であるとの説を引く。

鹿子母経　現存しない。『末法燈明記』には、鹿子母が五百人の羅漢を特別に招いたことを戒められたことを引く。

化身土巻末

一四四　**般舟三昧経**　三巻本と一巻本とがあり、いずれも後漢の支婁迦讖訳。三巻本には、阿弥陀仏を一心に念じて一昼夜から七日に及べば、阿弥陀仏を見ることができると説かれる。

大乗大方等日蔵経　『大方等大集経』の日蔵分、十巻。隋の那連提耶舎訳。

一四五　**佉盧虱吒仙人**　皇后がロバと交って生まれた子供で、羅刹の女に育てられて仙人となった。身体は美しいが唇だけがロバのようであるとされる。釈尊の前身ともいわれる。

一四六　**私が配置した…**　親鸞は「我が置く所の法、その事これ二十八宿及び八大星の所行諸業にあらず。汝が喜楽は、是のため非のためにせず。よろしくおのおの宣説すべし」と読んでいるが、意味が通りにくい。いまは『大集経』の原文によって訳した。

一刹那　時間の最も短い単位。およそ七十五分の一秒とされる。

一四七　**毗沙門**　多聞天と訳す。四天王の随一で北方の守護神。須弥山の第四層に住すといわれる。常に道場を守って説法を聞くから多聞天という。

毗留荼　増上天と訳す。四天王の一。南方を守護し須弥山の第四層に住むといわれる。神王の形で甲冑を着け大刀を持つ。

毗留博叉　広目天と訳す。四天王の一。西方を守護し須弥山の中腹に住むといわれる。浄天眼によってすべてを観察し仏教を守り、悪人を罰して仏心を起こされる。

題頭隷吒　持国天と訳す。四天王の一。東方を守護し須弥山の第四層に住むといわれる。他の三州をも兼ねて守ることから持国天という。

衆のために…　親鸞は「その時に佉盧虱吒仙人、諸天、竜、夜叉……一切の大衆において、みな称して善哉、歓喜無量なることをなす」と読んでいるが、佉盧虱吒仙人の後に「衆のために演説しおわる。時に（為衆演説已終時）」の七文字が脱落している。いまは原文に従って訳した。

摩睺羅加　人身蛇首の神で、仏法を守護する鬼神。

一四八　**佉羅坻山**　須弥山の近くにある高山の名で、大聖人の住処であり、光味仙人はその一人。

一五〇　**四種の清浄なる行**　慈・悲・喜・捨の四つの行。慈とは多くの人びとに対して友愛の心を起こすこと。悲とは多くの人びとの苦しみに同感すること。喜とは多くの人びとの喜びを共に喜ぶこと。捨とはすべての執着を離れる心を起こすこと。

一五三　**六波羅蜜**　仏となるために菩薩が修する六つの行。すなわち、布施（ほどこし）・持戒（おきてを守る）・忍辱（たえしのぶ）・精進（つとめはげむ）・禅定（心を統一する）・智慧（真理をさとる）をいう。

一五四　**十平等処**　㈠衆生平等㈡法平等㈢清浄平等㈣布施平等㈤戒平等㈥忍平等㈦精神平等㈧禅平等㈨般若平等㈩一切法清浄平等。この十の事について差別の見解を起こさないことを十平等といい、これによって悪鬼神を制し、何ものにも恐れない境地に住するという。

一五五　**大梵天王**　帝釈天と並んで仏教を守護する神。色界の初禅天の主である。

兜率陀天王　欲界の第四天である兜率天の主。

鬱単越　古代インドの天文地理説では、須弥山を中心に七金山、鉄囲山がとりまき、山と山の間は海になって九山八海を形づくるとし、その最も外側の大海中に四つの大陸がある。北方の鬱単越、東方の弗婆提、南方の閻浮提、西方の瞿陀尼の四つ。この中閻浮提はインド大陸のことで、快楽は北・東の二大陸に劣るが、唯一仏が出現する大陸で仏法を聞くには第一であるとする。

他化自在天王　欲界の最高の天である第六天の主。この界の天人は、他人の作った欲望の対象となるものを自分のために用い、自由自在に自分の楽とする能力があることから他化自在天といわれる。

化楽天王　欲界の第五天の主。この界の天人は、自分で種々の欲望の対象を仮りに作り出して楽しむことから化楽天といわれる。

須夜摩天王　欲界の第三天の夜魔天の主。この界の天人は、自ら光り輝やいて昼夜の別なくいつも楽をうけることから夜魔天といわれる。

一五八　**卵生**　生き物の生まれ方を四つに分類したものの一つ。卵生は鳥のように卵から生まれるものをいう。他に母胎から生まれる胎生。湿気のある所から生まれる湿生。過去からの業の力によって化成する天人や地獄のような化生がある。

一六一　**鳩留孫仏**　賢劫千仏の第一番目の仏。（賢劫は一四二頁の註参照）過去七仏の第四。

一六二　**三善道**　六道の中の修羅・人間・天を三善道という。地獄・餓鬼・畜生を三悪道というのに対する。

拘那含牟尼仏　賢劫千仏の第二。過去七仏の第五番目。清浄城に生まれ、優曇鉢羅樹下で成道されたという。

迦葉如来　賢劫千仏の第三。過去七仏の第六番目。波羅奈城に生まれ、尼拘婁陀樹の下で悟りをひらかれたとされる。

憍尸迦帝釈　帝釈天が人間であったときの性といわれる。（帝釈天は二九頁の註参照）

一六三　**提謂**　釈尊が悟りをひらいて七日目に、提謂と波利の二人の商人が、多数の商人とともにブッダガヤを通り、釈尊に食を供養して法を聞いたと言われる。在家信者の初めとされる。

鉄囲山　世界の中心である須弥山を取りまく九山八海の外側にあってこれらを取り囲む鉄でできた山。

四阿修羅城　須弥山の四方にある四つの阿修羅の城。

三十三天　忉利天のこと。須弥山の頂上にある天で、その天人の寿命は千年であるという。頂きの四方に峯があり、峯ごとに八人の天人がいるので合して三十三天となる。

一六六　**刹帝利**　古代インド社会における第二階級である王族貴族階級の名。

婆羅門　古代インド社会における第一階級である祭司学者階級の名。

毘舎　古代インド社会における第三階級である平民階級の名。

首陀　古代インド社会における第四階級である賤民階級の名。

檀波羅蜜　菩薩の六波羅蜜の第一の布施波羅蜜

のこと。

一六七　**八聖道**　仏教の代表的実践道。仏教の真理（四諦）を自覚した正しい見解（正見）。心の行ないを正しくすること（正思）。正しく真実の言葉を語ること（正語）。身体の行為を正しくすること（正業）。正しい生活をすること（正命）。さとりをひらくために努力すること（正精進）。正しい見解を求める思いを忘れないこと（正念）。正しい禅定をして心を静かにして生活すること（正定）の八つである。

奢摩他　止、寂静と訳す。すべての想念をとどめ、思慮を息めて心が寂静になった状態をいう。

毘婆舎那　観、観察と訳す。智慧によって対象を明らかに細かに観察すること。

一七八　**灌頂経**　詳しくは『大灌頂神呪経』十二巻。東晋の帛尸黎蜜多羅訳。

地蔵十輪経　詳しくは『大乗大集地蔵十輪経』十巻。唐の玄奘訳。地蔵菩薩の功徳を説いたもの。

無間地獄　最も苦しい地獄で、銅が沸いて罪人を焚き殺す。五逆罪を犯した者、大乗の教えを謗った者が落ちるとされる。

一七九　**集一切福徳三昧経**　姚秦鳩摩羅什訳、三巻。大乗の菩薩の修めるべき道、およびその結果として得る福徳について説く。

本願薬師経　詳しくは『薬師瑠璃光如来本願功徳経』一巻。薬師如来の本願とその徳について説く。

一八〇　**菩薩戒経**　『梵網経』巻下の「十重禁・四十八軽戒」の文を別出したもの。菩薩の戒を説く。

仏本行集経　隋の闍那崛多訳、六十巻。釈尊の一代にわたる伝記および大弟子達の伝記を詳しく記したもの。

螺髻　もとどりをほら貝のように束ねた髪形。

一八一　**起信論**　『大乗起信論』馬鳴の著といわれるが、中国で作られたとする説もある。梁の真諦訳一巻と唐の実叉難陀訳二巻がある。大乗仏教の入門書としてひろく読まれた。

陀羅尼　保持するという意味で、法を心に保持して忘れさせない能力、あるいは修行者を護る力のある章句をいう。

一八三　**弁正論**　唐の法林の著、八巻十二篇。外教、主として道教の邪に対して仏教の正しさを弁正した書。法琳（五七二―六四〇）は、幼くして出家し、一旦還俗して道士となったが、再び僧となり道教に対して仏教を護った。

季道士　季仲郷。姓は季、名は思慎。道士とは道教の士という意味。「十異九迷」という論を著わして仏教を批難した。

盧景裕　『老子註』二巻を著わす。

戴詵　『老子義疏』九巻、『荘子義疏』九巻を著わす。

韋処玄　『老子疏』四巻を著わす。

解五千文　『老子経』五千語の解釈を集めたもの。

梁の元帝　梁の第四世孝元帝、武帝の第七子。『老子講疏』四巻を著わした。

周弘政　北周の人、『老子講疏』六巻を著わす。

老義類　『老子経』についての解釈を集めたもの。

一八四　**郭荘**　郭象の著わした荘子の注釈書。

史記　司馬遷の著、百三十巻。五帝から漢の孝武帝にいたる歴史を記す。

周書　唐の令狐徳棻が選した、五十巻。北周の歴史を記したものであるから『後周書』ともいう。

礼記　五経の一つ、四十九編。周の末から秦漢時代の儒者の礼に関する理論と実際との記録を集めたもの。

論語　四書の一つ、二十巻。孔子が弟子や当時の人と応答した語や孔子の行いや弟子の応答をしるしたもの。

一八六　**荘子**　荘周の著、三十三編。そのうち内篇七編だけが荘周の自著と言われる。『老子』とならんで道家の代表作とされる。

一八八　**皇甫謐**　皇哺謐。名は子安。晋の人、『高士伝』十巻を著わす。

五気　太易・太初・太始・太素・太極の五つで、天地生成の原質とされる。

三光　日・月・星の三つ。

張陵　後漢の人、沛に生まれる。鬼神を使う術に通じ、道教の書を作り五斗米道を興して人民を惑わせたという。

一九一　**斉の桓公**　桓公は、その妹の哀姜（あいきょう）が魯国に嫁し、湣公を生んだが、魯公の子慶父と情を通じ、湣公を殺して慶父を王位に立てようとした。そのとき桓公は、交親国との義を重んじて妹の哀姜を殺して湣公を立てたという。

楚の穆王　穆王は官衛兵をもって父の成王を囲み、成王を自殺させて自ら王位をついだ。

一九三　**混沌**　『荘子』「応帝王篇」の説話による。儵(しゅく)と忽(こつ)と混沌の三人の帝王がいて、混沌に他の二人が手厚いもてなしを受けたお礼に、人間のような七つの穴のない混沌王に、一日一つずつの穴をあけたが、七日目には死んでしまったという話がある。混沌は大自然の象徴であり、人為を加えると損なわれてしまうことを譬えたもの。

一九五　**正法念経**　詳しくは『正法念処経』七十巻。元魏の瞿曇般若流支訳。六道生死の因果を観じて厭離すべきことを説く。

一九六　**陶朱**　春秋の人。越王につかえて呉王に復讐させた忠臣。後に野に下って巨万の富を得、変化妙術にも通じて『変化経』一巻を著わした。しかし後に呉に捕えられ、変化の力も発揮できず辛酸をなめたという。

東方朔　前漢の人。伝説では神仙の術をなす方士で、西王母の桃を盗食して死ぬことがなく長寿をほしいままにしたといわれる。

一九八　**十悪**　殺生、盗み、姦淫、嘘をつく、二枚舌、悪口、美辞麗句、むさぼり、いかり、愚痴の十種の悪のこと。

一九九　**法界次第**　詳しくは『法界次第初門』天台大師智顗の書、六巻。法門の理解が浅いもののために、自然に三諦三観の妙理を観ずることができるようにと作られた書。

慈雲大師　(九六四―一〇三二)　名は遵式、寧海の人。初に禅を学び、後に天台を学び天台宗を大いに振興した。著書に、『誓生西方記』『浄土行願法門』『浄土略伝』『教蔵随逐目録』などがある。

諦観法師　高麗の人。中国の呉越王の使いとともに中国に入り、天台の第十五祖義寂の講義を聞いて心服し、師の礼を執った。『天台四教儀』を著わす。

二〇〇　**神智法師**　平陽の人、姓は葉氏、名は従義。天台宗山外派の系統に属し、晩年には寿聖寺に住して大いに天台を弘めた。『天台四教儀集解』を著わす。

鬼は帰ると… 親鸞は「鬼の言は尸に帰す。子のいわく、古へは人死と名づく、帰人とす」と読んでいるが『止観輔行』の原文に照らし合わせると相違がある。また意味もよく通らないので、いまは原文に依って訳した。

大智律師 （一〇四八—一一一六）元照律師のこと。余杭の人。律僧ではあるが浄土教に帰依し、『観無量寿経義疏』『阿弥陀経義疏』などを著わす。

戒度律師 宋の人。元照律師の弟子。著書に『観無量寿経正観記』三巻、『阿弥陀経聞持記』三巻、『観経扶新論』などがある。

摩訶止観 天台大師智顗の書、十巻。天台宗の実践修行の根本書。『法華玄義』十巻、『法華文句』十巻とともに、法華三大部といわれる。

二〇一 **仕えてはならぬ…** 論語は「人に事（つかうる）こと能ず。いずくんぞ能く鬼神に事へんや」という文章であるが、親鸞は「事ること能はず、人いずくんぞ能く鬼人に事えんや」と読み変えている。いまは親鸞の読み方に従って訳した。

二〇二 **別伝** 『西方指南抄』に収められている「源空聖人私日記」とも、聖覚の著わした『十六門記』とも言われるが、何をさすのかは不明。

二〇三 **綽空** 親鸞の名前。吉水入室までは範宴といい、入室後法然より綽空という名前を受けた。その後聖徳太子の夢告によって善信と自ら改め、それが終生の名前となった。

月輪殿兼実 九条兼実（一一四九—一二〇七）のこと。藤原忠通の三男で、親鸞の得度の師とされる慈円の同母兄。九条家を創設して、月輪殿、法性寺殿とよばれた。一一八六年に摂政となり、ついで一一九二年に関白となる。法然は『選択本願念仏集』を兼実の求めによって選述したと言われている。

真継伸彦（まつぎ　のぶひこ）

1932年京都市生まれ。京都大学文学部独文科卒業後、校正アルバイト、専修大学図書館勤務、青山学院大学ドイツ語講師などをしながら同人誌活動。1963年、歴史小説『鮫』で文藝賞を受賞。執筆活動を続けながら芝浦工業大学、桃山学院大学勤務を経て、姫路獨協大学外国語学部教授。2016年８月逝去。

著書　『鮫』（河出書房新社1964）、『光る聲』（河出書房新社1966）、『無明』（河出書房新社1970）、『日本の古典 第12巻 親鸞・道元・日蓮』（共訳、河出書房新社1973）、『林檎の下の顔』（筑摩書房1974）、『親鸞』（朝日評伝選、朝日新聞1975）、『闇に向う精神』（構想社1977）、『私の蓮如』（筑摩書房1981）、『青空』（毎日新聞社1983）、『心の三つの泉 シャーマニズム・禅仏教・親鸞浄土教』（河出書房新社1989）など多数。仏教への関心も深く信仰の問題を追求した作品が多い。

新装版　現代語訳　親鸞全集２　教行信証　下

一九八四年　六　月一〇日　初　版第一刷発行
二〇二三年　五　月二五日　新装版第一刷発行

訳　者　真継伸彦
発行者　西村明高
発行所　株式会社　法藏館
京都市下京区正面通烏丸東入
郵便番号　六〇〇－八一五三
電話　〇七五－三四三－〇〇三〇（編集）
〇七五－三四三－五六五六（営業）

装幀　山崎　登
印刷・製本　亜細亜印刷株式会社

ISBN 978-4-8318-6595-3 C3015

新装版シリーズ

観経疏に学ぶ　玄義分1	廣瀬　杲著	二、五〇〇円
観経疏に学ぶ　玄義分2	廣瀬　杲著	二、二〇〇円
観経疏に学ぶ　序分義1	廣瀬　杲著	二、八〇〇円
観経疏に学ぶ　序分義2	廣瀬　杲著	二、八〇〇円
親鸞の宿業観　歎異抄十三条を読む	廣瀬　杲著	一、八〇〇円
現代に立つ親鸞	星野元豊著	一、五〇〇円
口語訳　教行信証　附領解	金子大榮著	二、七〇〇円
親鸞の人生観	金子大榮著	一、八〇〇円